이 책을 함께 만든 독자에디터들의 소감

독자에디터는 본 책의 초안을 검토하고, 편집 아이디어를 제공하고, 오탈자를 확인하는 등 독자의 눈높이에 맞는 책을 만들 수 있도록 많은 도움을 주셨습니다. 바쁜 시간을 쪼개어 참여해주신 독자에디터 10기 여러분께 깊은 감사를 드립니다.

재테크를 처음 시작하는 분들에게 추천하고 싶은 책이에요. 절약으로 종잣돈을 모으는 방법부터 부동산과 주식 투자에 대한 실전 노하우까지, 작가님이 직접 경험한 이야기가 담겨 있어서 바로 실천해볼 수 있어요.

● 글벗맘 님

절약하고 싶은데 엄두가 나지 않는 분들에게 시도할 용기를 줍니다. 감당 가능한 절약 방법들이 깨알같이 정리되어 있어, 이미 절약이 생활이신 분들도 한두 개 적용해 볼 만합니다. 절약으로 모은 종잣돈을 불리는 방법, 기본적인 주식 투자 노하우까지 이 책을 통해 얻어갈 수 있습니다.

● 꿈빛나 님

'대출은 무조건 빨리 갚아야 되는 것 아닐까?'라고 생각했던 저에게 '이자만 내고 나중에 갚아도 되는 대출이라면 먼저 갚지 말고 다른 곳에 투자하라'는 이야기가 신선하게 다가왔습니다. 대출을 많이 받았던 것이 고민이었는데, 앞으로의 투자 방향을 다시 생각해보게 되었습니다.

● 꿈실행가 님

친한 언니가 애정을 담아 팩트폭력을 해주는 느낌을 받았습니다. 사실 재테크의 시작이 절약이라는 건 누구나 공감하지만, 그것을 본인의 경험담에 비추어서 이렇게까지 자세히 풀어준 분은 안 계신 것 같아요. 적은 푼돈이나 포인트를 모아서 나를 위한 소비의 숨구멍을 마련하라는 조언도 새로웠습니다. 책 전반에 걸쳐서 돈에 대한 소중함을 이야기하고, 꾸준히 목표를 향해 나아가는 작가님의 노력이 느껴진다는 생각이 들었습니다.

● 다능 님

이 책은 재테크 초보가 첫걸음을 시작할 수 있도록 돕는 친절한 안내서입니다. 삶을 단순화하고 목표에 집중하는 것, 작은 일에도 감사하며 나만의 속도로 투자의 끈을 놓지 않는 것! 저도 '부릿지'로 부자의 첫발을 내디뎌 보겠습니다.

● 맘스서재 님

투자 전문가의 책을 읽으면 결국 돌고 돌아 '실천'입니다. 이 책에서는 투자를 제대로 실천했을 때의 달고 짜고 때론 씁쓸한 맛이 모두 느껴집니다. 이 핑계 저 핑계로 제가 닫아버렸던 수많은 기회의 창을 '꾸준한 공부와 준비'라는 가장 단단한 무기로 열어서 쟁취한 아린 님. 부러우면서 동시에 희망도 느껴집니다. 저도 실천하면 할 수 있다고요.

● 북로수길 님

주식 종목을 고르는 방법은 정말 꿀팁이었고요. 종목에 대한 설명과 왜 매수했는지에 대한 내용도 쉽게 이해가 되는 이야기였습니다. 시중에서 흔히 보기 힘들었던 내용이라 읽으면서 주식 투자의 방향성을 잡을 수 있었습니다. 뒤로 갈수록 내용에 더욱 몰입되었어요.

● 삶을짓다 님

돈을 모으고 불리고 싶지만 어떻게 해야 할지 막막한 여성들에게 우아하게 절약하고 투자하는 방법을 알려주는 길잡이 책. 읽고 따라 하다 보면 나의 자산이 차곡차곡 쌓이는 경험을 하게 될 것이다.

● 선한오드리 님

절약해서 부자가 될 수 있다는 것을 증명한 책이다. 외벌이 부부가 아껴서 저축하고 투자하여 부의 다리를 만들어낸 이야기다. 아린 님과 함께 부자로 가는 다리를 만들어봐야겠다.

● 세렌디피티 님

저자가 전달하려는 메시지가 잘 전달된 것 같습니다. 첫째, 돈 모으기는 뚜렷한 목표가 필요하다. 둘째, 절약은 써야 할 돈을 안 쓰는 게 아니라 쓸데없이 나가는 돈을 막는 것이다. 셋째, 투자하지 않는 종잣돈은 의미가 없으므로 아끼고 투자해야 한다.

● 쉐어럭 님

재테크 성과가 제자리걸음인 것 같아 고민이 되는 당신, 누군가에게 돈 이야기를 털어놓고 싶어서 고민이라면 이 책을 읽으면서 소화하는 시간을 가져보세요. '부릿지'라는 다리 위에 성큼 다가갈 수 있을 거라고 확신합니다.

● 알라코코 님

돈을 모으고 싶어 가계부 관련된 책을 여러 권 읽어봤지만 몇 번 시도만 하다 번번이 실패하였다. 이번 책은 달랐다. 읽고 나니 나도 왠지 할 수 있겠다는 자신감이 생겼다. 어떻게 돈을 모으고 투자했는지에 대한 저자의 공부 방법과 실제 투자담을 보고, 당장 오늘부터 다시 목표를 설정하여 우아하게 절약하고, 과감하게 자산을 불려봐야겠다는 결의를 다지게 된다.

● 열정쪼이 님

누구나 부자가 되기를 꿈꾸지만 시작이 어렵다고 한다. 그러나 이 책은 허들이 높은 투자가 아니라, 부자가 되어야겠다고 다짐한 사람이라면 누구나 쉽게 투자의 길로 들어설 수 있는 방법을 알려주고 있다. 일상에서 쉽게 접근할 수 있는 부자의 길을 알려주는 가이드라고 생각한다.

● 인온파파 님

아린 님의 '부릿지'로 저도 뒤통수를 맞고 살아남아야겠다고 다짐했습니다. 악착같이 무조건 아끼는 것이 아닌 나를 위한 공돈 통장으로 우아하게 절약하기! 나를 알고, 조급해하지 않도록 잡아주는 '부릿지'를 만날 수 있습니다.

● 지중공 님

저랑 비슷한 나이와 상황이라 그런지 공감하며 읽었습니다. 일단 6년 만에 순자산 10억 원, 정말 부럽더라고요. 나도 따라해봐야겠다는 마음으로 등장하는 내용을 검색하면서 따라 읽으니 더욱 좋았습니다. 돈을 버는 어느 한 부분에만 집중하지 않고 다양한 영역의 재테크를 다루고 있어서 가볍게 읽기에도 좋았습니다.

● 책읽는에스더 님

말투는 다소 친절하지 않고 약간 공격적인 것 같은 느낌도 들었어요. 하지만 좋게 말하면 '소신 있어 보인다'라고 할 수도 있겠네요. 잇콘에서 출간된 책들은 늘 기대되고 설레는 느낌입니다. 이번 책도 기대 가득합니다.

● 책읽는재미주의자 님

큰 문으로 막혀 있는 다리를 건너야 부자의 세계로 갈 수 있습니다. 이 책은 그 문을 열 수 있는 마스터키와 같습니다. 절약으로 종잣돈을 모으고 부동산과 주식 투자로 자산을 키우는 방법이 모두 담겨 있기 때문입니다. 이 책을 통해서 절대 나에게는 열릴 것 같지 않던 그 큰 문이 스르륵 열리는 마법이 펼쳐질 거라 생각합니다.

● 초코하임빠 님

돈을 바라보고 대하는 관점이 저와 비슷해서 왠지 모를 친밀감이 드는 책이었습니다. 강 건너 아득해 보이는 경제적 자유이지만, 아린 님의 '부릿지'를 타고 함께 건너간다면 금방 도달할 수도 있을 것 같아요.

● 케이 님

부자로 가는 다리
부릿지

부자로 가는 다리
부릿지

초판 1쇄 발행 2021년 9월 18일
초판 2쇄 발행 2021년 10월 1일

지은이 김수현(아린)

발행처 잇 콘
발행인 록 산
편 집 홍민지, 유영호
마케팅 프랭크, 릴리제이, 감성 홍피디, 호예든
경영지원 유정은
출판등록 2019년 2월 7일 제25100-2019-000022호
주소 경기도 용인시 기흥구 동백중앙로 191
팩스 02-6919-1886
사진 지호앤스튜디오
디자인 디자인 공간

ⓒ 김수현, 2021

ISBN 979-11-90877-36-7 13320
값 15,000원

● 이 책은 저작권법으로 보호받는 저작물로 무단전재 및 무단복제를 금합니다.
● 이 책의 전부 혹은 일부를 인용하려면 저작권자와 출판사의 동의를 받아야 합니다.
● 잘못된 책은 구입처에서 바꿔드립니다.
● 문의는 카카오톡 '잇콘출판사'로 부 탁드립니다.(아이디 itcon, 평일 오전 10시 ~ 오후 5시)

··········· 잇콘의 풍부한 콘텐츠를 다양한 채널에서 만나보세요 ···········

우아하게 절약하고,
과감하게 불려라

부자로 가는 다리
부릿지

김수현(아린) 지음

잇콘

머리말

우아하고 쿨하게 절약하기,
정말 가능할까

 4월이 되자 반가운 우편물들이 날아들기 시작한다. 보유하고 있는 주식에서 나오는 배당금 통지서들이다. 한 통, 또 한 통… 다 온 줄 알았는데 계속 날아드는 통지서들. 마지막 통지서를 받은 후 액수를 계산해보았다. 한 200만 원쯤 되겠지 했는데 실제 금액은 그보다 훨씬 많은 약 330만 원이었다.

 이 돈으로 무엇을 할까 행복한 고민을 하다가 일부를 떼어서 눈여겨보던 미니백을 샀다. 그동안 잘 차려입어야 할 약속이 생길 때마다 들고 나갈 가방이 마땅찮아서 내심 곤란했는데 이번 기회에 과감하게 질러본 것이다.

좋아하는 원피스를 입고 미니백을 어깨에 맨 채 사진을 찍어서 블로그에 올려 자랑했더니 다들 난리가 났다. 가방도 예쁘고 배당수익도 멋지단다. 어떤 분은 자기도 앞으로는 배당주를 노려보겠다고 한다. 가방을 산 건 난데 마치 자기 일처럼 기뻐해주는 분들 덕에 더욱 행복했다.

그러면서도 한편으로는 낯선 느낌이었다. 전에도 투자수익이 생길 때면 일부를 떼어서 필요한 것들을 조금씩 사곤 했지만, 이렇게 큰 돈을 온전히 나만을 위해 써본 것은 결혼 후 처음이었기 때문이다.

세 식구 한 달 생활비가 60만 원을 넘지 않는 나를 보고 절약을 넘어 '초(超)절약녀'라고 부르는 분들도 계신데, 그런 내가 요즘은 돈 쓰는 재미를 조금씩 느끼고 있다. 필수가전이 되었다는 빨래건조기도 사고, 책 출간을 앞두고 거금을 들여 프로필 사진도 찍고, 그걸 핑계로 겸사겸사 옷도 몇 벌 샀다. 그렇지만 우리 세 식구의 생활비는 여전히 한 달에 60만 원이다

어떻게 그것이 가능할까? 이런 지출에는 생활비가 아닌 자본소득, 즉 투자로 벌어들인 돈을 사용했기 때문이다.

2020년 가을에는 처음으로 우리 가족의 자동차를 샀다. 4월에 큰맘 먹고 사둔 주식들을 가을에 한 번 정리했더니 4,000만 원 정도의 수익이 생긴 덕분이다. 장롱면허인 내가 운전을 다시 배우자니 처음에는 힘들었지만 이제는 제법 익숙해졌다. 무엇보다 날씨가 안 좋을 때 아이를 무사히 유치원에 데려다줄 수 있어서 참 좋다.

월급 235만 원에서 순자산 10억이 되기까지

이왕 시작한 김에 좀 더 자랑을 해보자면, 우리 가족은 얼마 전 광명의 새 아파트를 분양받아 이사를 했다. 새로 지은 아파트라서 인테리어를 할 필요도 없고 모든 시설이 새것이라서 좋다. 그리고 내후년에 이사를 계획 중인 서울의 새 아파트는 지금 한창 지어지는 중이다. 물론 그때가 되면 상황이 어떻게 달라질지 모르는 일이지만, 아직까지는 자산이 계획대로 쑥쑥 잘 불어나 주고 있다. 현재 우리 가족의 순자산은 대출 등의 레버리지를 제외하고 10억 원을 조금 넘는다.

'요즘 같은 때에 그 정도가 뭐 대단하다고…. 나도 종잣돈만 있었으면 그 정도는 했지.'

이렇게 생각하는 분도 계실 것이다. 맞는 말이다. 최근 몇 년 동안은 부동산 시장이 너무 좋았고, 주식도 최근 들어 활황을 이어왔기 때문에 금액만 보면 엄청난 부자라고 말하기는 어렵다. 하지만 우리 가족은 6년 전만 해도 이런 인생을 도저히 꿈꿀 수 없는 상황이었다.

결혼 당시 사회초년생이었던 남편의 월급은 235만 원이었고, 나는 직장을 그만둔 뒤 어머니를 간호하느라 아직 재취업을 하지 못한 상태였다. 어려운 형편에 결혼을 하려니 전세 6,000만 원짜리 원룸에서 신혼살림을 차렸는데 그나마도 남편의 신용대출로 마련한 것이었다. 이런저런 비용까지 합하면 그때 우리 부부는 마이너스 7,000만 원의 자산으로 시작한 셈이다.

그런 인생에서 벗어나는 방법은 하나, 열심히 아끼고 모아서 그것을 불리는 것뿐이었다. 우리는 월급 235만 원을 아끼고 아껴서 1년 동안 1,500만 원의 종잣돈을 모았고, 그것을 부동산과 주식으로 조금씩 불렸으며, 그 와중에도 꾸준히 저축해서 모은 돈을 투자금에 보탰다. 이런 단순한 방법으로 이뤄낸 결과가 바로 6년 만에 순자산 10억 원 달성이다.

시작은 절약이다. 가진 것은 별로 없지만 아파트로 몇억 원을 벌었다거나 주식으로 몇십 프로 수익이 났다는 이야기에 하루 빨리 동참하고 싶다면, 지금 당장 시작할 수 있는 유일한 방법은 부지런히 종잣돈을 모으는 것과 공부하는 것뿐이다.

무조건 이 악물고 안 쓰는 것만이 정답일까

종잣돈의 중요성에 대해서는 말해서 무엇할까. 하지만 수많은 사람이 목표 금액에 도달하지 못하고 중도포기하는 걸 보면 절약으로 종잣돈 모으기가 그만큼 어려운 일이란 걸 알 수 있다. 빠듯한 월급으로 생활비를 쓰고 저축까지 하는 것 자체도 어렵지만, 그보다 더 큰 장애물이 있다. 바로 '이렇게까지 궁상맞게 살아야 해?'라는 자괴감이다.

SNS를 보면 남들은 외식도 하고 예쁜 옷도 사는 것 같은데 나만 돈 아끼느라 처량 맞게 살고 있다는 박탈감, 장을 볼 때마다 고작 몇백 원 아껴보겠다고 받는 스트레스, 남편이나 부모 잘 만나서 걱정 없이 사는 듯한 친구들을 볼 때 느껴지는 좌절감…. 이런 감정들이 쌓이다 폭발하면 그동안 저축을 잘해오던 사람도 그만 포기하거나 그때까지 모은 돈마저 쉽게 써버리기 쉽다.

그렇게 되지 않으려면 어떻게 해야 할까? 무엇보다 필요한 건 '쿨함'이 아닐까 싶다. 다른 사람의 시선보다는 나의 가치관에 맞춰 당당하게 살아가는 태도 말이다. 목표한 금액을 모을 때까지는 꽤 긴 시간이 걸릴 것이다. 그 시간을 무조건 이 악물고 버티려 하기보다 미니멀 라이프를 연습하는 시간으로 삼는다면 단순히 부자가 되는 것을 넘어 인생의 많은 부분이 달라지지 않을까.

내가 생각하는 절약이란 과거 우리 엄마들이 그랬던 것처럼 악착같이 안 쓰고 모으기만 하는 것이 아니다. 돈을 반드시 써야 할 곳과 안 써도 될 곳을 엄격하게 구분하고, 예상되는 지출이 있다면 평소에 조금씩 대비해두고, 가계부를 자주 들여다보며 소비 습관을 고쳐 가는 것이야말로 현명한 절약이라고 생각한다.

그리고 정말 현명한 절약이 되려면 절약으로만 끝나서는 안 된다. 절약은 어디까지나 종잣돈을 모으기 위한 과정일 뿐 최종적으로는 재테크를 통해서 그 종잣돈을 불려야 한다. 처음에는 종잣돈이 적으니 수익금도 크지 않을 테지만, 투자 수익을 재투자하는 한편 절약을 지속하며 종잣돈을 꾸준히 보탠다면 자산이 불어나는 속도는 엄청나게 빨라질 것이다.

이렇게 벌어들인 수익의 일부는 소중한 사람들에게 또는 스스로에게 선물을 주는 데에 활용할 수 있다. 나의 경우 생활비는 늘 남편의 월급에서 가져온 60만 원 이하로 묶어 두고 있지만, 목돈이 들어가는 가전제품이나 의복은 주로 투자 수익을 이용해서 구입한다. 투자 수익이 별로 없었던 과거에는 생활비에서 아낀 푼돈을 '공돈 통장'에 따로 모아두었다가 제법 돈이 모이면 종종 소소한 사치에 활용하곤 했다.

그 덕분일까, 사람들은 그렇게 꼼꼼하게 절약을 하면서도 남들 눈에는 전혀 궁색해 보이지 않는 비결이 뭐냐고 묻는다. 내가 그렇게 보였다면 감사한 일이지만 일부러 꾸민 적은 한 번도 없다. 그저 남들의 시선 때문이 아니라 내가 필요하다고 생각하는 부분에만 돈을 지출하고, 다양한 절약 노하우 중에서 나에게 적합한 방법은 무엇일지 계속 연구했을 뿐이다. 나 자신에게는 엄격할지언정 그 방식을 다른 사람들에게 강요한 적도 없고, 다육식물 키우기나 할머니 용돈 드리기처럼 내가 좋아하는 것들을 포기하지도 않았다. 그런 모습이 남들 보기에 쿨하고 우아해 보였다면 정말 감사한 일이다.

거짓도, 숨기는 것도 없는 솔직한 경험담

나는 아직 엄청난 부자까지는 되지 못했다. 하지만 적어도 과거의 나처럼 아무것도 없이 시작한 사람들의 시행착오를 줄여줄 만큼의 경험담은 충분히 있다고 생각한다. 그것이 바로 내 이야기를 시작하게 된 이유다. 처음부터 충분한 종잣돈을 갖고 시작하는 사람과 제로(0)에서 시작해야 하는 사람은 방법부터 달라야 하기 때문이다.

사촌동생이 이런 이야기를 한 적이 있다. 그동안 어려운 환경에서 재테크에 성공했다는 내용의 책을 많이 읽어보았는데, 읽다 보면 처음 시작할 때 이미 투자금을 적게는 몇천만 원, 많게는 몇억 원씩 가지고 있었다는 계산이 나오더라고 말이다. 연봉이 적거나 물려받은 재산이 없는 평범한 직장인이라면 절대 불가능한 금액이다. 결국 '이것도 내가 할 수 있는 건 아니구나'라는 생각에 책을 덮어버리게 된다고 한다.

나 역시 비슷한 경험을 했다. 현실을 극복하겠다는 절

박한 마음으로 책을 읽어보면 투자를 해서 얼마를 벌었다는 이야기는 나오는데, 처음에 그 종잣돈을 어떻게 만들었는지에 대해서는 두루뭉술하게 넘어가는 경우가 많았다. 궁금한 마음에 책에 등장하는 여러 가지 단서를 조합해서 계산을 해보면 실제로는 앞뒤가 맞지 않는 경우도 많아서 허탈했다.

소득의 50%는 무조건 저축하는 악착같은 마음이 있어야 한다던 어떤 저자는 나중에 알고 보니 부부 합산 월 소득이 1,000만 원을 넘는 사람이었다. 나와 비슷한 처지인 줄 알았는데 월급의 50%를 저축해도 500만 원이 남는다니 배신감마저 들었다.

자산이 몇십억 원이라거나 심지어 '100억 부자'라고 소개되는 부동산 책 저자들은 자산이 아닌 순자산이 얼마인지 분명하게 밝히는 경우가 별로 없었다. 자산과 순자산의 차이는 크다. 그냥 '자산'이라고만 하면 부채까지 포함한 금액이지만 '순자산'은 대출금이나 전세보증금 등의 레버리지를 모두 빼고 남은 순수한 금액이다. 자산이 100억 원이라도 레버리지 비율이 90%라면 실제로 남는 순자산은 10억 원밖에 되지 않는다.

소득이 높으면 저축도 많이 할 수 있고, 저축액이 많으면 투자했을 때 돈이 불어나는 속도도 훨씬 빠르다. 하지만 우리처럼 월 소득 230만 원 전후의 외벌이 가정은 월급의 절반은커녕 10% 저축도 쉬운 일이 아니다. 당연히 투자는 생각하기도 어렵다. 우리와 소득 수준이 비슷한 가정도 많을 텐데, 그런 사람들을 위해 좀 더 현실적인 방법을 알려주는 책은 없을까?

그래서 나는 모두 터놓고 말하기로 했다. 결혼할 때 부모님의 도움을 받았는지, 그 전에 모아둔 돈이 있었는지, 월급은 얼마였고 생활비는 얼마를 썼는지, 어떻게 돈을 모았고 투자를 시작했는지, 돈이 없어서 문제에 봉착할 때는 어떻게 해결했는지, 그리고 결과적으로 몇 년 만에 얼마를 벌었는지를 모두 솔직히 털어놓을 생각이다. 그것도 순자산 기준으로 말이다.

우리처럼 월급은 적고, 모아둔 재산은커녕 빚만 떠안고 시작하는 부부도 서울에 내 아파트를 마련할 수 있다는 사실을 꼭 보여주고 싶다. 우리가 했으니 누구나 할 수 있다고, 저축과 투자라는 것이 특별한 사람만 할 수 있는 건 아니라고 말해주고 싶다. 아니, 오히려 평범한 사람일수록 반드시 해야 하는 게 저축과 투자라고, 그러니 함께 공부하자는 이야기도 해주고 싶다.

넉넉히 벌어서 충분히 소비하자

나와 함께 절약과 투자를 공부하는 모임인 '부릿지(부자로 가는 다리)'의 멤버들은 누군가 가방이나 가전제품을 샀다고 자랑하면 자기 일처럼 기뻐하며 축하하곤 한다. 절약하는 모임이라면서 돈을 썼는데 축하한다는 것이 이상할 수도 있지만 여기에는 다 이유가 있다. 우리는 가계부를 공유하고 피드백하기 때문에 서로의 사정을 뻔히 아는데, 그 사람이 뭔가를 샀다고 자랑한다는 것은 열심히 모은 종잣돈으로 투자를 해서 수익을 얻었다는 뜻이기 때문이다.

처음에는 3인 가족 생활비 200만 원을 훌쩍훌쩍 넘기던 사람들이 어느덧 100만 원으로 생활비를 줄였다고 자랑하고, 다른 사람들의 격려 속에서 다음 달에는 조금 더 줄이려고 노력한다. 그러다 보니 멤버들 중 상당수는 생활비를 80만 원 이하로 잘 유지하고 있다. 줄어든 생활비만큼 종잣돈은 차곡차곡 쌓이고, 어느 정도 금액이 되면 조금씩 투자를 시작하고, 그러면 자산은 빠른 속도로 불어난다.

그때의 짜릿한 기쁨은 경험해본 사람이 아니면 알지 못할 것이다.

　이 책을 읽고 있는 당신도 그 기쁨에 함께할 수 있었으면 좋겠다. 가진 것은 없지만 오늘도 열심히 살아가는 당신, 하지만 어쩌면 여전히 막막하기만 한 미래 때문에 마음이 무거울지 모르겠다. 그런 당신도 이제는 내가 그랬던 것처럼, 그리고 지금 우리 멤버들이 하고 있는 것처럼 빠른 속도로 자산을 키울 수 있다. 내가 했다면 당신도 충분히 할 수 있다.

2021년 가을을 앞두고

김수현(아린) 드림

머리말 우아하고 쿨하게 절약하기, 정말 가능할까 | 004

PART 1
절약에 대한 관점을 바꿔야 할 때

월급 235만 원으로 순자산 10억이 되기까지 | 025
- 원룸에서 시작한 신혼의 추억
- 당장 할 수 있는 건 절약뿐이었다

아끼기만 해서 부자가 될 수 있을까 | 035
- 절약에 대한 생각을 바꾸다
- 종잣돈 모으기는 기본, 그 다음은 투자

준비만 돼 있다면 돈 버는 방법은 늘 있다 | 042
- 소액으로 가능한 재테크 '주식 투자'
- 모든 재테크의 시작은 절약과 공부다

'월급의 절반 저축'이 환상인 이유 | 049
- 저소득 외벌이 가정의 서글픈 현실
- 상황에 따라 절약법도 달라져야 한다

무조건 안 쓰기 vs 쓸 돈을 확보하기 | 055
- 나만의 여유자금을 위한 '공돈 통장'
- 너무 빡빡하면 꾸준히 유지할 수 없다

종잣돈이 레버리지를 만나면 | 061
- 드디어 원룸에서 탈출하다
- 과감하게 대출을 선택한 이유

갚아야 할 빚, 갚지 말아야 할 빚 | 067
- 좋은 빚은 자산을 늘리는 데에 쓰인다
- 대출과 이자 관리를 위한 '대출상환표'

"그거 아낀다고 얼마나 되냐"는 사람들 | 072
- '궁상'과 '검소함'의 씁쓸한 차이
- 부자일수록 절약의 가치를 안다

남을 보지 말고, 나 자신만 보자 | 077
- 욜로로 사는 것일까, 욜로를 흉내내는 것일까
- "지금은 돈 모을 여력이 없다"는 말

PART 2
전략적 절약으로 우아하게 아껴보자

시작은 씀씀이를 정확히 파악하는 것 | 085
- 나는 어떤 곳에 돈을 쓰고 있었을까
- 나에게 잘 맞는 절약법을 찾자

저축 목표는 최대한 구체적으로 | 094
- 구체적 목표를 세우기 위한 5가지 질문

든든한 절약 파트너 '3개의 가계부' | 098
- 그때그때 기록하는 '생활비 가계부'
- 큼직한 항목으로 기록하는 '전체 가계부'
- 자신의 성장을 기록하는 '재테크 가계부'
- 반드시 피드백을 하자

자동으로 절약이 되는 고정비 줄이기의 기술 | 113
- 통신비
- 보험료
- 대출이자
- 차량유지비

습관이 중요한 생활비 줄이기의 기술 | 124
- 대용량 제품을 멀리하자
- 물건 사기 전에 3개의 질문부터
- 할인받아 사는 것이 절약이 아닌 이유
- 단열이 곧 전기 절약이다
- 내 소비패턴에 맞는 방법을 찾자

'목적별 통장'으로 쓸 돈을 미리 확보하자 | 135
- **개인별 통장** 목적에 맞는 금액과 방법으로 적립하자
- **적금 통장** 이율보다 모으는 것 자체가 중요하다
- **예비비 통장** 가계부 안정의 일등공신
- **공돈 통장** 눈에 보이는 절약이 가능해진다
- **생활비 통장** 신용카드로 대체 가능하다
- 상황에 맞게 주기적으로 조정하자

함께 하면 절약이 더 재미있어진다 | 149
- 한 달에 500만 원 저축을 가능케 하는 힘
- 자본소득이 생기면 스스로에게 상을 주자

집밥과 장보기가 중요한 이유 | 157
- 일주일치 식단 미리 짜기의 역효과
- 영수증을 활용한 냉장고 파먹기
- 상품권으로 10% 더 싸게 사는 기술

육아비, 아낄 것과 아끼지 말아야 할 것 | 164
- 다양한 샘플로 내 아이에게 맞는 제품 찾기
- 좋은 식재료를 합리적으로 구매하기
- 아이 옷이나 장난감은 중고도 괜찮다
- 아이를 위한 소비 vs 엄마를 위한 소비

놀이처럼 즐겁게, 꾸준히 계속하기 | 175
- 심심할 때 해보는 쏠쏠한 앱테크
- 중고마켓에 재미를 붙여보자

미니멀 라이프와 제로 웨이스트 | 180
- 절약 그 이상의 가치
- 남들과 비교할 필요 없다

PART 3
투자하지 않는 종잣돈은 의미가 없다

가장 큰 리스크는 아무것도 하지 않는 것 | 189
- 생각만 한다고 부자가 될 수 있을까
- 준비하고 있으면 기회는 반드시 온다

1,300만 원으로 첫 번째 아파트를 샀다 | 197
- 좋은 중개사를 만나야 하는 이유
- 꼼꼼히 분석하고 과감하게 결정하자

대출을 겁내면 안 되는 이유 | 204
- 원금상환은 꼭 해야 할까
- 이자비용 vs 기회비용

부동산 투자처를 찾는 나만의 기준 | 211
- 어떤 지역에 투자할 것인가
- 어떤 아파트에 투자할 것인가
- 언제 투자할 것인가
- 절대 조급하면 안 된다

부린이라면 이것만은 기억하자 | 220
- 모든 투자는 타이밍이 중요하다
- 첫째도 입주물량, 둘째도 입주물량
- 호재에 집착하지 말자
- 전세가율만 보고 투자하면 큰일난다
- 함부로 직장을 포기하지 마라

투자 못지 않게 중요한 내 집 마련 | 231
- 멀고도 험한 분양권 당첨의 길
- 남들이 외면하는 미계약분을 노려라
- 서울에 내 집을 마련하다
- 투자를 안 해도 부동산은 알아야 하는 이유

주식 투자로 7개월 만에 자동차를 샀다 | 246
- 12년 만에 찾아온 절호의 기회
- 2년 동안 손절을 한 번밖에 안 한 비결은
- 주식으로 도박을 할 것인가, 투자를 할 것인가

그래서 나는 어떤 종목을 사고 팔았나 | 257
- **삼성전자** 초보라면 잘 알려진 기업부터
- **삼성전기** 덜 알려진 기업 중에 알짜를 찾아보자
- **KB금융** 경기 영향을 받지만 망하기는 어려운 금융주
- **셀트리온** 등락폭이 크다면 나눠서 이익 실현을 할 것

- **현대엘리베이** 주도주를 놓쳤다면 관련주를 찾아보자
- **신규 상장회사** IPO는 좋지만 상장 이후에는 조심해야
- 상상력과 창의력이 필요하다

나의 주식 투자 5원칙 | 273
- 첫째, 전체 흐름이 가장 중요하다
- 둘째, 주가는 결국 기업 실적에 수렴한다
- 셋째, 수급이 좋아지는 종목에 관심을 갖는다
- 넷째, 바닥을 확인한 후에 산다
- 다섯째, 목표수익률을 달성했다면 반드시 익절한다

직접 주식 투자를 해본 후 알게 된 것들 | 283
- 분산투자가 늘 좋은 것은 아니다
- 대기업에 오래 투자하면 반드시 오를까
- 우량주는 일상 속에 있다
- 미수금 함부로 쓰면 큰일난다
- 실력 좋은 사람보다 멘탈 좋은 사람이 이긴다

초보의 흔들리는 멘탈, 어떻게 잡을까 | 297
- 주도주를 잡으면 마음이 편하다
- 과도한 욕심은 금물
- 현금 비중을 지키면 자동으로 리스크가 관리된다
- 상승기에도 항상 하락기를 대비하자

맺음말 '불쌍한 엄마'가 아닌 '멋진 엄마'가 되기 위해 | 307

PART 1

절약에 대한 관점을 바꿔야 할 때

월급 235만 원으로 순자산 10억이 되기까지

　전업주부의 아침은 바쁘다. 남편이 출근하고 나면 곤히 자고 있는 아들을 깨워 씻기고, 밥 먹이고, 옷 입히고, 유치원 버스를 태워주러 나간다. 아이에게 버스 창문 너머로 손을 흔들어주다가 버스가 안 보일 때까지 멀어지면, 집에 돌아와서 간단히 아침을 먹은 후 정리를 한다.

　그리고 드디어 커피 한 잔을 만들어서 창가 앞 테이블에 앉는다. 내 하루 중 가장 좋아하는 시간. 바로 보유한 주식 종목들을 살펴보는 시간이다. 수익률을 보면 기분이 좋다.

이제 본격적으로 주식 공부를 할 시간이다. 경제뉴스와 주요지표를 살펴보고, 관심 있는 종목을 구체적으로 분석한다. 좋은 종목들은 매수 주문을 걸어두고, 수익을 실현할 때가 되었다고 생각되는 종목들은 매도 주문을 걸어둔다. 매수나 매도를 자주 하는 편은 아니지만, 공부는 날마다 하지 않으면 흐름을 놓치기 쉽다.

공부하다가 괜찮다고 생각되는 자료들은 재테크 스터디 모임인 '부릿지' 멤버들에게 공유한다. '부자로 건너가는 다리'라는 의미의 부릿지는 절약을 통해 종잣돈을 모으고 그 돈을 주식이나 부동산에 투자해서 불리는 것을 주요 목표로 하고 있다.

이번 달 가계부를 서로 살펴보며 피드백 해주고, 투자에 대한 고민을 나누고, 지칠 때는 서로 격려하며 함께 부자가 되기 위해 노력하는 사람들이다.

가끔은 보유하고 있는 부동산 자산의 시세와 그 지역의 분위기도 종종 확인해본다. 물건을 중개해준 중개소 사장님께 전화를 걸어 안부도 묻고 요즘 분위기는 어떤지 이야기도 듣는데, 시세가 올랐다고 하면 역시나 기분이 좋다.

세입자 만기가 다가올 때쯤이면 부동산을 매도할지 말

지를 결정해야 한다. 원하는 수익률에 도달했거나 더 좋은 투자 물건이 나타나면 미련 없이 매도하는 것이 좋다. 가끔 세입자로부터 어디가 고장났으니 고쳐달란 연락이 올 때는 번거롭기도 하지만, 그래도 심어 놓은 종잣돈이 무럭무럭 자라는 것을 지켜보는 재미가 더 크다. 수익이 난 아파트를 팔 때의 그 짜릿한 기분은 겪어보지 않은 사람은 모를 것이다.

공부를 마치고, 집안 정리와 빨래를 하고, 식사와 간식을 준비하다 보면 어느새 아이가 하원할 시간이다. 남편이 퇴근하면 함께 저녁 식사를 마치고, 아이와 놀아주고, 오늘 있었던 일들을 이야기하고, 주말에는 무엇을 할지도 의논하며 하루를 마무리한다.

2년 후 이사할 때 무엇을 할지도 종종 이야기한다. 지금 우리는 광명에 분양받은 아파트에서 살고 있는데, 입주한 지 얼마 되지는 않았지만 지금 지어지고 있는 서울의 아파트가 완공되면 그곳으로 이사할 계획이다. 미리 생각해 두어야 할 것들이 있어서 신경은 쓰이지만, 그래도 즐거운 고민이라는 생각에 기분은 좋다.

원룸에서 시작한 신혼의 추억

생각해보면 가끔 웃음이 나올 때가 있다. 6년 전만 해도 우리 부부는 화장실 하나 딸린 원룸에서 신혼 생활을 시작해야 했다. 보증금 6,000만 원짜리 전세였다. 그때는 우리 둘 다 가진 돈이 없었고, 양가 부모님의 지원도 받기 어려웠기 때문에 그 이상으로는 갈 수가 없었다.

그때의 나는 다니던 직장을 그만두고 이직을 준비하고 있었는데, 갑자기 어머니 건강이 안 좋아지셔서 몇 차례의 수술과 입원을 반복해야 하는 상황이었다. 출근해야 하는 아버지와 동생 대신 내가 병간호를 전담하면서 본의 아니게 백수 생활이 길어지고 있었다.

취준생 시절에 만난 남편은 나보다 나이는 어렸지만 꾸밈없이 성실하고 거짓 없이 사람을 대하는 성격이었다. 가끔 500원짜리 요구르트같이 소소하지만 따뜻함 느껴지는 선물로 나의 고달픈 생활을 잊게 해주던 고마운 존재였다. 그렇지만 결혼은 아주 먼 미래의 일이라고 생각했는데, 남편은 취업한 지 1년쯤 되었을 때 갑자기 청혼을 했다.

지금 생각하면 참 무모한 결혼이었다. 사회초년생인 남편의 월급은 당연히 얼마 되지 않았고, 나는 회사를 그만둔 지 오래되어서 모아둔 돈은 이미 바닥난 상태였다. 그뿐인가? 학자금대출도 잔뜩 남아 있었고, 양가의 도움은 당연히 기대할 수 없었다. 그런데도 무슨 생각이었는지 남편은 우리가 결혼하면 무조건 잘 살 수 있을 거라는 생각이 들었다고 한다.

그 덕분이었는지 나도 왠지 당장은 힘들더라도 함께 하다 보면 점차 나아지겠지 하는, 아니 나아지도록 노력하자는 막연한 생각을 했다. 어떻게 보면 다행이라는 생각도 들었다. 둘 다 가난하니까 남편은 집, 아내는 혼수 이런 공식 따위 생각하지 않아도 되니 말이다.

결혼을 준비하면서 가장 큰 문제는 역시 집이었다. 우리는 수중에 돈이 정말 한 푼도 없었다. 전세자금대출은 전세보증금의 70% 정도만 대출이 가능했기에 나머지 30%의 자금도 없어서 이용할 수 없었다. 남편이 알음알음 신용대출을 알아보니 6,000만 원까지 가능하다고 해서 이 금액으로 가능한 전셋집을 찾으러 다녔다.

처음에는 지하철 노선도를 보면서 남편이 출퇴근할 수 있는 곳부터 찾아보았다. 하지만 가격을 따지다 보니 점점 서울을 벗어나 경기도로, 인천으로 멀어지게 됐다. 심지어 인천 전통시장 안에 있는 방 두 칸짜리 빌라의 전세조차 우리가 가진 돈으로는 부족했다. 결혼식도 올리기 전에 좌절감이 느껴졌다.

그래도 마음을 굳게 먹고 생각을 바꾸기로 했다. 어차피 어려운 상황이라면 차라리 남편의 출퇴근이라도 편하도록 서울에서 원룸을 구하자고 말이다. 게다가 원룸은 세탁기, 냉장고, 전자레인지 등의 옵션이 갖춰져 있으니 살림살이를 따로 살 필요도 없다. 어쩌면 가난한 우리 상황에 오히려 적합하겠다는 생각이 들었다.

그러나 서울 변두리 원룸촌에서도 6,000만 원짜리 전세를 찾기는 쉽지 않았다. 우리의 딱한 사정을 들은 중개소 사장님이 임대인을 설득해 주셔서 가까스로 월세 5만 원을 내는 반전세 형식의 원룸을 얻을 수 있었다. 그것이 우리 부부의 첫 번째 보금자리였다.

계약하고 잔금을 치르던 날 남편과 나는 걸레와 알코올을 들고 가서 집을 깨끗하게 쓸고 닦았다. 비록 침대와 2인용 탁자 하나 놓으면 꽉 차는 원룸이었지만, 우리 두 사람은 그때 철이 없을 정도로 행복했다. 하지만 친정엄마는 딱 한 번 와보신 후에는 절대 우리 집에 오지 않으셨는데, 나중에 들어보니 딸이 그렇게 신혼생활을 시작하는 게 너무 속상하고 미안해서 많이 우셨다고 한다.

당장 할 수 있는 건 절약뿐이었다

원룸살이는 생각보다 쉽지 않았다. 11월 중순부터 난방을 시작했는데, 그달 고지서를 보자마자 눈을 의심했다. 특별히 후끈하게 난방을 한 것도 아닌데 방 한 칸의 난방비가 12만 원도 넘게 나왔다. 우리 집은 현관문 쪽을 제외한 나머지 벽이 모두 외벽에 닿아있었고 2층이라 아래층이 비어있었기 때문에 단열에 취약했던 것이다.

월급 235만 원의 가난한 외벌이 부부인 우리는 한 푼도 허투루 쓸 수 없는 상황이었다. 그때부터 온 바닥에 이불과 매트를 깔고, 친정에서 솜으로 누빈 겨울 운동복을 가져와서 입고 지냈다. 그렇게 아주 최소한의 난방만 했는데도 난방비는 월 5만 원이 넘게 나왔다. 관리인이 제대로 체크를 하는 건지 늘 의심스러웠다.

빨리 취업을 해서 돈을 벌든지, 악착같이 돈을 모으든지 해야겠다는 생각이 들었다. 아침에 남편이 출근하고 나면 식탁에 앉아서 공부를 하며 하루를 보냈다. 그러다가 문득 고개를 들면 아무도 없는 조용한 원룸의 공기가 무겁게 느껴지곤 했다. 혼자서 생각에 잠길 때가 점점 많아졌다. 시간이 지날수록 좁은 원룸에 갇혀 지내는 느낌이 들면서 점점 우울해졌다.

부지런히 돈을 모으자. 그래서 얼른 이 원룸을 벗어나자. 그 전까지는 절대 아기를 갖지 않기로 결심했다. 전세가 만기되는 2년 후 이 춥고 비좁은 원룸을 탈출하는 것. 그것이 그때 나의 유일한 꿈이었다.

일단 가계부를 펼쳤다. 원래 가계부를 열심히 쓰는 편이었지만 이제부터는 더욱 꼼꼼히 절약을 해야 했기 때문이다.

먼저 과거 기록을 바탕으로 수입과 지출을 적어보면서 1년 동안 얼마나 모을 수 있는지를 계산해보았다. 당시 남편의 월급에 야근 수당을 더하고, 명절 상여금 등을 더하면 연수입은 3,000만 원 정도였다. 이걸로 대출 원리금, 보험료, 공과금, 월세처럼 숨만 쉬어도 나가는 고정비를 빼고 최소한의 생활비만 책정해 보았다. 그러고 나니 1년에 모을 수 있는 돈은 수입의 절반 정도인 약 1,500만 원이라는 계산이 나왔다.

원룸 계약 기간은 2년이니까 그동안 3,000만 원을 모으고, 보증금으로 들어가 있는 신용대출금 6,000만 원을 더하면 총 9,000만 원이 된다. 이 돈이면 소형 구축아파트의 전세 정도는 얻을 수 있지 않을까?

그때 내가 관심 있게 보았던 곳은 광명시 하안동의 주공아파트였다. 오래되긴 했지만 비교적 깔끔하고 조용하고, 무엇보다 15평짜리의 전세가가 9,000만 원이었다. 15평짜리 주공아파트는 침실 하나에 미닫이로 된 거실 겸 방이 있는 구조다.

네이버부동산 사이트를 보면 매매가와 전세가도 알 수 있지만 아파트 평면도도 나온다. 나는 매일 밤 잠들기 전에 휴대폰으로 네이버부동산의 평면도를 들여다보면서 이사를 들어가면 가구 배치는 어떻게 할지 혼자서 상상해보곤 했다. 그러면 더욱 힘내서 돈을 모아보자는 의욕이 솟았다.

겨우 6년밖에 지나지 않은 일인데 그때를 생각하면 아득히 먼 옛날처럼 느껴진다. 지금 우리는 전세보증금이나 대출금 등의 레버리지를 뺀 순자산이 10억 원을 넘어섰고, 주식 투자 등으로 한 달에 1,000만 원씩 부수입을 올리기도 한다. 우리가 이렇게 될 거라고 과연 누가 생각할 수 있었을까? 몇 년 사이에 남편의 연봉이 몇천만 원 오른 것도 아니고, 로또를 맞은 것도 아니다. 그저 어떻게 해서든 부자가 되겠다는 생각으로 하나씩 노력한 덕분이다.

노력의 첫걸음은 절약이었다. 1년 동안 열심히 아껴서 모은 종잣돈 1,500만 원이 그 시작이었다. 그러나 아끼고 모으는 것만으로는 부족하다. 첫걸음이 절약이라면, 그 이후는 투자여야 한다. 절약하고, 모으고, 불리고…. 그 단순한 과정이 몇 년 후 우리 부부의 삶을 바꿔놓은 것이다.

아끼기만 해서 부자가 될 수 있을까

 2년 안에 원룸을 탈출하겠다는 일념으로 열심히 절약에 매진하고 있을 때 문제가 생겼다. 얼마 지나지 않아 갑자기 그 아파트의 전세가 9,500만 원으로 올랐던 것이다.

 나에게는 청천벽력같은 사건이었다. 1년에 1,500만 원을 모으는 것도 월급의 절반을 저축해야 하는 최대치였는데 500만 원을 더 모아야 하다니…. 그래도 마음을 다잡기로 했다. 아직 원룸 만기가 1년도 넘게 남았으니 조금 더 허리띠를 졸라매자고 다짐하면서 목표를 9,500만 원으로 수정했다.

그런데 웬걸. 일주일도 안 되어 전세가는 다시 1억 원으로 올랐다. 그 숫자를 보는 순간 눈앞이 캄캄해졌다. 말 그대로, 주변에 아무것도 보이지 않으면서 머리가 멍해지고 몸이 붕 떴다가 심장이 땅으로 꺼지는 느낌이었다. 우리 형편에 그 돈은 도저히 무리였다.

이렇게 열심히 노력하는데, 저 많은 집들 중에 내 집은커녕 전세로 들어갈 집 한 채가 없다니…. 이 비좁고 추운 원룸에서 언제 벗어날 수 있을지 모른다는 두려움이 엄습했다. 여기서는 도저히 아기를 낳아 기를 수가 없는데….

서러워한다고 달라지는 것은 하나도 없다는 걸 애써 받아들인 후, 나는 전세 9,000만 원으로 이사할 수 있는 아파트를 찾아보기 시작했다. 광명에서 부천으로, 인천으로…. 점점 서울에서 멀어졌다. 그렇게 실컷 아파트를 검색하고 마지막엔 늘 다시 하안주공아파트를 검색하고 끝났다. 포기하고 싶지는 않았지만, 도무지 방법을 찾을 수가 없었다.

절약에 대한 생각을 바꾸다

그러던 2014년 겨울의 어느 날 '풍백'이라는 닉네임의 블로거가 눈에 띄었다. 내 또래로 보이는 이 사람은 내가 그렇게 가고 싶던 하안주공아파트에 '전세를 끼고 투자를 했다'는 내용의 글을 썼다.

당시에는 그게 무슨 말인지를 이해하지 못했다. 나는 전세로도 살지 못하는 아파트를 겨우 800만 원에 샀다니? 너무 궁금해서 잠을 잘 수가 없었다. 궁금증을 해결하려고 부동산 관련 카페에 가입해서 글을 모두 읽어보고, 책과 블로그도 찾아보다 보니 점점 그 글의 맥락을 이해할 수 있게 되었다.

아파트를 '전세를 끼고 산다'는 것은 바로 최근에 유행했던 '갭투자'를 말하는 것이었다. 세입자가 살고 있는 집을 매수하면 전체 매수가격 중에서 전세보증금을 뺀 나머지 금액(갭)만큼만 내 돈이 들어가기 때문에 소액으로 아파트를 매입하는 것이 가능하다는 뜻이었다. 당시는 갭투자라는 용어가 유행하기 훨씬 전이었지만, 전세가격이 매매가격과 비슷한 수준으로 치솟은 상태이다 보니 이미 그 방식을 활용하는 사람들이 있었던 것이다.

4,000억 원대 자산가 김승호 회장은 『생각의 비밀』이라는 책에 이렇게 썼다.

"어떤 글이나 말을 듣고 비웃는 자는 사라지고 뒤통수를 맞은 사람만 살아남는다."

나 역시 그때 뒤통수를 크게 한 방 맞은 느낌이었다. 당장 내가 이사 들어갈 집을 사는 것보다 자산을 빠르게 키우는 것이 먼저라는 걸 깨달았다. 절약만으로는 하루가 다르게 오르는 집값을 따라잡는 것이 현실적으로 불가능했다. 그보다는 지금까지 모은 종잣돈을 투자로 불리는 것이 원룸을 탈출하는 지름길 아닐까?

그것이 내가 부동산 공부에 발을 들여놓게 된 계기이다. 그동안 모아둔 종잣돈 1,300만 원을 전세 입주금이 아닌 투자에 쓰기로 결심한 것이다. 그때부터 열심히 관련 정보를 찾아다니며 공부하고 투자 대상을 물색했다. 책을 읽고, 인터넷 카페와 블로그의 글을 정독하고, 강의도 듣고, 주말이면 남편과 관심 지역을 돌아다니며 부지런히 공부했다.

그렇게 공부에 공부를 거듭한 후 2015년 봄, 우리는 처음으로 아파트를 매수하게 되었다. 광명시 철산역 인근의 17평형짜리 구축 아파트로, 당시 시세는 2억500만 원이었는데 전세가는 1억8,000만 원 정도였다. 매매가와 전세가의 차이가 2,500만 원 정도밖에 안 되었다. 물론 우리에게 2,500만 원은 큰 금액이었지만 당시에는 전세가가 무섭게 오르고 있던 시기라서 곧 매매가격도 밀려 올라갈 거라는 강한 확신이 들었다.

우리는 일단 가진 돈을 탈탈 털어 계약을 하고, 잔금 치르는 날짜는 최대한 미루었다. 잔금 날짜까지 전세 세입자를 구하면 그 사이에 전세가가 더 높아질 것이므로 투자금이 추가로 들어가지 않을 거라고 계산했던 것이다. 부동산 투자에 대해서는 나중에 더 자세히 설명하겠지만, 결과적으로 우리가 첫 번째 투자에 쓴 돈은 1,300만 원이었다.

다행히 이 아파트는 매수하자마자 시세가 상승하기 시작해서 2년 후인 2017년에 2억5,000만 원을 받고 매도할 수 있었다. 1,300만 원을 2년 동안 묻어두었더니 세금 및 필요경비를 빼고도 순수익 3,800만 원을 남겨준 것이다. 여기에 묻어두었던 기존 투자금 1,300만 원을 합하니 5,100만 원의 현금이 내 손에 들어왔다.

모으기만 하는 것과 투자하는 것. 어느 쪽이 더 빠르게 자산을 불리는 길인지는 굳이 설명할 필요 없을 것이다. 이후 우리는 5년 동안 아홉 채의 아파트를 매입했고, 가격이 오를 때마다 한 채씩 매도하면서 수익을 남기거나 좀 더 좋은 집으로 갈아타기를 하면서 지금에 이르렀다.

종잣돈 모으기는 기본, 그 다음은 투자

물론 나는 운이 좋았다. 때마침 부동산 시장이 바닥을 찍고 상승기에 접어들 때 부동산 투자를 시작했기 때문에 적은 투자금으로도 꽤 큰 수익을 볼 수 있었다. 나의 성과를 자랑하려는 것은 아니다. 지난 몇 년간의 부동산 상승장에서는 나보다 훨씬 더 부자가 된 사람들도 많다.

다만 내가 강조하고 싶은 것은 그저 아끼고 모으기만 해서는 절대로 부자가 될 수 없다는 것이다. 물론 종잣돈의 중요성은 두 말할 필요가 없다. 아무리 투자 능력이 뛰어난 사람도 종잣돈이 없으면 투자를 할 수 없기 때문이다. 게다가 우리가 그랬던 것처럼, 돈이 정말 한 푼도 없는 사람이라면 현실적으로 악착같이 아끼고 모으는 것 외에 딱히 종잣돈을 모을 수 있는 다른 방법도 없다.

그러나 종잣돈은 말 그대로 씨앗이 되는 돈이다. 씨앗은 그냥 가지고만 있으면 계속 씨앗일 뿐 결코 달콤한 결실을 만들어내지 못한다. 더 큰 성과를 얻으려면 정성스럽게 씨앗을 키워내는 노력이 필요하다.

지금 당장 돈이 없으니 투자는 아주 먼 미래의 일이라고, 혹은 남의 이야기라고 생각하지 않았으면 좋겠다. 월급을 차곡차곡 모아서 종잣돈을 만드는 데에는 어느 정도 절대적인 시간이 필요할 것이다. 하지만 그 시간은 생각보다 길지 않다. 우리 부부가 1,500만 원의 종잣돈을 모으는 데에는 꼭 1년이 걸렸다. 만약 우리보다 소득이 높은 가정이라면 더 짧은 기간이 걸리거나 같은 기간 동안 더 많은 종잣돈을 모을 수 있을 것이다.

종잣돈을 모으는 시간은 버리는 시간이 아니다. 그동안 미리 재테크를 공부해 두어야 한다. 목표한 금액이 모였을 때 하루라도 빨리 불리기 시작할 수 있도록 준비해두는 것이다.

재테크는 소득이 많아서 여유자금이 있는 사람만 할 수 있는 게 아니다. 오히려 소득이 적은 사람일수록 더 부지런히, 빠르게 돈을 굴려야 한다. 쉬운 일은 아니지만 그렇다고 불가능한 일도 아니다. 연소득 3,000만 원에 마이너스 7,000만 원으로 시작했던 우리가 해냈다면 여러분도 충분히 할 수 있을 것이다.

준비만 돼 있다면
돈 버는 방법은
늘 있다

　재테크라고 하면 대부분 생각하는 것은 주식 아니면 부동산이다. 그런데 간혹 "부동산은 이제 끝났다, 이제 주식이다"라든지 반대로 "주식 하면 망한다, 부동산이 안전하다"라며 두 가지가 대립관계에 있는 것처럼 이야기하는 경우를 보게 된다.

　하지만 투자는 한 가지만 하기보다는 두루두루 해야 하는 것이 아닐까 싶다. 우리가 재테크를 하는 이유는 투자의 거장으로 길이 남고 싶어서가 아니라 돈을 벌고 싶기 때문이므로, 돈이 될 만한 부분이라면 무엇이든 관심을 가져야 하지 않을까. 실제로 몇백억 원 단위의 큰 부자들은 부동산을 많이 소유하고 있지만, 그보다 더 많은 금융자산을 가지고 있다고 한다.

나 역시 자산이 많다면 포트폴리오를 적절히 배분하는 게 좋다고 생각한다. 하지만 처음 투자를 결심했을 때는 얼마 안 되는 종잣돈을 여기저기로 나눌 수가 없었다. 그래서 오래전부터 주식에 대한 관심이 많았음에도 일단 부동산 투자에 올인했던 것이다. 당시에는 주식 시장이 별로 좋지 않았던 반면 부동산 시장은 오히려 소액으로 투자하기 좋았던 상황이라 나름 고심 끝에 내린 결정이었다.

그러다가 소액으로 사 모았던 부동산을 하나둘 처분하면서 자산에 조금씩 여유가 생겼는데, 공교롭게도 그 무렵부터는 부동산 투자를 하는 것이 어려워졌다. 정부가 다주택자에 대한 규제를 강화하기 시작한 것이다. 자연스럽게 나의 관심은 다시 주식 시장으로 향하기 시작했다.

그때 우리는 광명에 분양받은 새 아파트 입주를 1년 반 정도 앞두고 6개월 후에 중도금을 치르기 위한 현금을 마련해둔 상태였다. 하지만 나는 돈을 그냥 놀게 놔두는 것이 정말 아깝다고 생각했다. 중도금 납부 때까지 남은 6개월 동안 아무것도 안 하고 있을 수가 없어서 그동안 공부해왔던 주식투자에 그 돈의 일부를 투자해보기로 했다.

물론 이 돈은 절대 잃으면 안 되는 돈이기 때문에 전체를 주식에 넣을 수는 없었다. 만에 하나 6개월 후에 손절하더라도 아파트 중도금에는 문제가 생기지 않을 만큼의 금액만 떼어서 투자를 하기로 했다.

같은 이유로 나는 무조건 우량주, 그중에서도 주도주만 신중히 골라서 매수했다. 대박을 내기보다는 하락할 위험이 적은지를 먼저 살펴보고, 고민에 고민을 거듭한 끝에 매수한 것이다. 그렇게 고른 종목들은 주로 반도체와 2차 전지 관련주들이었다.

그렇게 신중하게 투자한 덕분인지 다행히 예상은 대부분 맞아떨어졌고, 아파트 중도금을 납부할 때쯤에는 꽤 괜찮은 수익을 얻을 수 있었다. 마음 같아서는 중도금만 아니면 좀 더 오래 보유해서 더 큰 수익을 맛보고 싶었지만, 일단 일부만 처분해서 중도금 납부에 쓰고 남은 수량만 계속 보유하기로 했다. 역시 예상대로 매도한 주식들은 더 올랐지만 그 때문에 아파트 입주를 망칠 수는 없으니, 어쩔 수 없는 일이라고 생각하며 애써 마음을 가라앉혔다.

소액으로 가능한 재테크 '주식 투자'

주식투자의 가장 큰 장점은 소액으로 가능한 재테크라는 것이다. 아직 종잣돈이 적어서 재테크가 어렵다고 생각하는 사람도 쉽게 접근할 수 있다.

요즘 나와 부릿지 멤버들이 주력하고 있는 분야 역시 부동산보다는 주식이다. 가계부 쓰기와 절약을 통해 종잣돈을 모으는 것은 기본이고, 그렇게 모은 돈을 주식에 투자한다. 어떤 종목에 투자할지는 각자의 선택에 맡기지만 요즘의 분위기는 어떤지, 어떤 회사의 전망이 좋을지는 함께 공부하면서 정보를 나눈다.

나는 주식 투자를 위한 자금과 부동산 투자를 위한 자금을 철저히 분리해서 운영했기 때문에 처음에 주식 투자를 시작한 금액은 그리 크지 않았다. 그래서 처음에는 투자금을 늘리는 데에 주력했다. 똑같은 수익률을 기록하더라도 투자금이 적으면 절대적인 수익 금액 자체가 적기 때문이다.

일단 주식으로 번 수익은 한 푼도 쓰지 않고 다른 주식을 매수하는 데에만 활용했다. 이렇게 하면 일종의 복리 효과가 나타나면서 투자금이 빠르게 불어난다. 소소해 보이지만 복리효과가 얼마나 큰 결과를 가져다 주는지 잘 알고 있기 때문에 나는 돈을 잠깐이라도 놀리는 것을 무척 싫어한다.

그리고 평소에 절약으로 모은 종잣돈 중 일부도 꾸준히 주식 투자에 보탰다. 그렇게 투자금이 불어나면서 지금은 전체 자산 중에서 주식 투자의 비중이 꽤 커졌고, 한 달에 적게는 500만 원에서 크게는 1,000만 원 이상의 수익을 실현하고 있다.

물론 주식은 부동산에 비해 리스크가 큰 편이기 때문에 더욱 신중히 접근해야 한다. 종종 결혼 자금을 주식에 넣었다가 모두 날렸다는 이야기를 듣게 되는데, 내가 투자할 종목에 대해 충분히 공부가 되어 있지 않다면 함부로 투자하지 않는 게 좋다. 주식은 변동성이 매우 크고, 주가의 변화를 주도하는 '세력'이라는 것이 존재하기 때문에 언제든지 내 예상을 빗나갈 가능성이 있다.

모든 재테크의 시작은 절약과 공부다

"언제는 돈을 한 순간도 놀리지 말라더니, 그래서 투자를 하라는 거야, 말라는 거야?"

이렇게 말하는 분도 있을 것 같다. 아마도 이것은 '공부의 중요성'을 간과했기 때문일 것이다. 결과만 간략하게 이야기하는 성격이다 보니 어쩌면 사람들은 내가 부동산 투자도, 주식 투자도 무척 쉽게 성공한 것처럼 생각할지도 모른다. 그러나 거듭 강조하지만, 아무리 뛰어난 실력의 투자자라도 쉬운 과정을 거쳐서 자산을 축적하는 사람은 아무도 없다.

나는 누구보다 많이 공부하는 편이라고 자부한다. 어떤 종목을 매수해야 할지, 어떤 아파트를 매수해야 할지 고민하고 자료를 찾느라 두통을 자주 겪는 편이다. 내가 남들보다 특별히 성실하기 때문은 아니다. 다만 빈손으로 시작해서 너무나 힘들게 아끼고 모은 종잣돈을 함부로 날려버릴 수 없다는 생각이 강하기 때문이다. 내가 남들에 비해 실패 경험이 적은 이유는 운이 좋았던 덕분이기도 하지만, 그만큼 실패의 확률을 최대한 줄이고자 끊임없이 공부했기 때문이기도 하다.

본인의 상태는 본인이 가장 잘 안다. 내가 투자할 대상에 대해 충분히 공부를 했는지, 혹시 손해가 나더라도 대처할 수 있는지, 일시적으로 조정이 왔을 때 멘탈을 잘 관리할 수 있는지…. 이런 질문에 답할 수 있는 사람은 자기 자신밖에 없다. 그런 확신이 없다면 차라리 준비가 될 때까지 종잣돈을 고이 모셔두는 게 낫다.

자산을 불리는 방법이 주식이나 부동산만 있는 것도 아닐 것이다. 누군가는 환율이나 금 투자를 할 수도 있고, 누군가는 ETF나 P2P 같은 간접투자 상품을 찾기도 한다. 누군가는 직접 사업에 뛰어들기도 할 것이다. 그러니 내가 하는 이야기에서 끝내지 말고, 여러분이 스스로 노력을 보태어 다양한 방법을 찾아보셨으면 한다. 남이 부자가 되는 것을 지켜보며 부러워하는 것과 직접 시작하는 것은 하늘과 땅 차이다.

중요한 것은 어떤 방식을 활용하든 재테크란 꾸준히 종잣돈을 모으고, 소액이나마 조금씩 불려 나가는 과정의 반복이라는 점이다. 모든 재테크의 시작은 일단 절약과 공부다.

'월급의 절반 저축'이 환상인 이유

먼저 절약에 대한 이야기부터 시작해보자. 흔히 절약을 잘 하려면 월급의 50%를 저축하라든지, 생활비는 몇 % 이내로 묶어야 한다는 이야기가 많다.

하지만 상식적으로 생각해봐도 모든 사람이 같은 비율로 저축을 할 수는 없을 것이다. 수입 1,000만 원인 사람이 50%를 저축하면 500만 원이지만, 월수입 300만 원인 사람이 50%를 저축하면 150만 원이다. 비율은 같아도 금액은 세 배가 넘게 차이 나는 것이다.

반대로 말하면 월수입 1,000만 원인 사람은 한 달에 생활비로 500만 원을 쓸 수 있다는 말이다. 생활비가 500만 원이라니, 신혼 시절 한 달에 125만 원으로 생활했던 나로서는 딴 세상 이야기 같다. 월세, 공과금, 대출이자, 식비, 병원비, 보험료 등을 모두 포함한 금액이었다.

원룸에서 신혼 생활을 하던 때의 1년 저축 목표는 1,500만 원이었는데 이게 정확히 수입의 50%였다. 그나마 남편의 상여금과 야근 수당이 합해졌을 때 가능한 숫자였다.

저소득 외벌이 가정의 서글픈 현실

이 돈을 모으려면 보통의 노력만으로는 불가능했다. 1년 동안 옷은 일절 사지 않았고 외식은 한 달에 한 번만 했다. 그것도 나가서 대단한 걸 사 먹는 게 아니라 남편의 월급날 집에서 치킨을 시켜 먹는 것이었다. 치킨을 좋아하는 나는 월급날이면 남편이 오기만을 목 빼고 기다렸다. 남편이 집에 도착할 때 딱 맞춰 배달이 오도록 치킨을 시키고, 남편과 닭다리를 하나씩 나눠 뜯는 것이 가장 큰 행복이었다. 그러니 월급날 하필 남편이 야근이라도 하게 되면 그렇게 우울할 수가 없었다.

소득이 적은 가정에서는 이 정도로 소비를 통제하지 않

는다면 저축률 50%를 달성하기가 어려운 게 현실이다. 그렇게 악착같이 모아도 1년에 1,500만 원, 10년에 1억 5,000만 원밖에 되지 않는다. 만약 그런 생활을 10년 동안 해야 했다면 나라고 과연 성공할 수 있었을까? 솔직히 장담할 수 없다.

그렇기 때문에 나는 '저축률 50%'라는 숫자에 연연하기보다는 각자가 모을 수 있는 현실적 금액을 먼저 파악하고, 그에 따라 목표를 정하는 것이 낫다고 생각한다. 소득이 적거나 아이가 있어서 씀씀이가 클 수밖에 없는 가정은 일단 1년에 몇백만 원 모으기부터 시작하고, 익숙해지면 조금씩 지출을 줄여가면서 저축액을 늘리는 것이 좋다.

나의 경우는 우리 가족이 원룸에서 벗어나고 자산이 어느 정도 늘어난 이후에도 저축률 50%를 꾸준히 유지할 수는 있었다. 그 사이에 남편의 월급도 조금씩 올랐고, 절약하는 생활 습관에도 요령이 붙은 덕분이다.

하지만 원룸을 벗어나 아파트로 이사한 후 아기가 태어나면서부터는 50%를 저축할 수가 없었다. 소중한 아기가 쓰고 먹는 기저귀나 분유를 무조건 저렴한 제품으로 선택할 수는 없었기 때문이다. 지금도 잘 먹는 우리 아들은 분유도 엄청 많이 먹었다. 게다가 예전에는 웬만큼 춥지 않고서는 난방을 하지 않았는데, 아기가 있는데도 그럴 수는 없는 일이다. 덕분에 우리 집 난방비는 역대 최고 금액을 기록했다.

둘이 살 때는 고정비를 뺀 한 달 생활비가 40만 원이었는데, 아이를 낳고 나니 60만 원으로 늘었다. 초기이유식과 과일을 먹기 시작한 후에는 70만 원으로, 매 끼니 고기가 들어가는 중기이유식으로 넘어가면서는 다시 80만 원으로 늘어났다.

그래도 잘 먹어서 포동포동하니 예쁘고 좋았다. 또래보다 몸무게와 키가 2개월은 앞설 정도로 아이가 무럭무럭 잘 크고 있는데 이런 비용 때문에 스트레스를 받을 필요는 없다는 생각이 들었다.

상황에 따라 절약법도 달라져야 한다

대신 그 상황에서 할 수 있는 것들을 하기로 했다. 다른 곳에서 줄일 수 있는 방법을 고민해보기로 한 것이다. 일단 아이가 먹는 건 아끼지 않기로 했으니, 무조건 유기농 식품만 먹이지는 못하더라도 싱싱하고 좋은 식재료를 사되 합리적인 가격으로 사는 방법을 고민했다.

난방비는 아끼지 않는 대신 아이 옷은 물려받아 입혔다. 어차피 아이들은 금방 자라서 멀쩡해도 작아서 못 입게 되는 옷들이 많다. 아직 자기 취향에 대한 고집이 없는 어린 아이에게는 잘 맞고, 깨끗하고, 편한 옷이면 충분하다.

그밖에도 가계부 전체를 다시 돌아보면서 어디서 아낄 수 있는지 찾아보고, 얼마나 모을 수 있을지를 꼼꼼히 점검해 보았다. 그에 맞춰 저축 목표도 수정했다. 그리고 그 목표를 지키기 위해 노력하면 그만이다. 아이가 유치원에 다니기 시작한 지금도 우리는 이런 식으로 순수하게 절약으로만 1년에 1,000만 원 이상을 저축하고 있다. 물론 투자로 번 수익은 별도다.

예전보다 월급 대비 저축률은 줄었지만 너무 신경 쓰지 않기로 했다. 아이가 더 자라서 교육비가 많이 들어가기 시작하면 저축률은 지금보다 더 떨어질지도 모른다. 하지만 그래도 괜찮다. 어쨌든 꾸준히 모으고 있고, 꾸준히 불리고 있으며, 아이는 무럭무럭 자라고 있으니 말이다.

남들이 한 달에 월급의 50%를 저축하니, 80%를 저축하니 하는 이야기를 들으며 괜히 비교하거나 낙담하지 말

자. 괜히 스트레스로 스스로를 갉아먹을 뿐, 종잣돈을 모으는 데에 전혀 도움이 되지 않는다. 100만 원이든 200만 원이든, 나에게 주어진 상황에서 최선을 다했다면 그것이 가장 값진 노력이다.

무조건 안 쓰기
VS
쓸 돈을 확보하기

 부릿지 멤버들은 매달 가계부 내역을 공유하며 서로 평가하는데, 멤버들이 내 가계부를 보면서 신기하다고 말하는 부분이 크게 두 가지 있다. 첫째는 대체 어떻게 살기에 아이까지 키우면서 생활비가 그렇게 적게 드느냐는 것이고, 둘째는 그러면서도 겉보기에는 딱히 짠순이처럼 보이지 않는 비결이 뭐냐는 것이다. 커피도 즐겨 마시는 것 같고, 주변에 밥도 자주 사는 것 같고, 휴가도 종종 가는 것 같다고 말이다. 그러면서 "우아하게 절약하는 방법이 따로 있느냐"라고 묻는다.

스스로를 둘째 가라면 서러울 짠순이로 여기고 있는 내가 남들 눈에는 우아하게 보였다면 정말 감사한 일이다. 아마도 내가 돈을 아끼는 방식이 조금 다르기 때문일 거라고 생각한다. 혼자서는 커피값이 아까워서 카페도 잘 가지 않지만, 다른 사람들에게 사주는 커피값까지 인색하게 굴고 싶지는 않다. 쓸 때는 써야 한다.

함께 커피 한 잔씩 마시는 자리에서 나 혼자 돈 아끼겠다고 맹물을 마시고 있으면 사람들은 은연중에 내 눈치를 볼 테고, 나와 함께 있는 걸 불편해 할지도 모른다. 그런 식으로 절약하는 것은 무척 비효율적인 일이다. 커피 한 잔 값, 밥 한 끼 값으로 좋아하는 사람들과 즐거운 시간을 보낼 수 있다면 충분히 가치 있는 소비라고 생각한다. 그런 자리에서 좋은 정보를 얻고 뭔가를 배우는 경우도 많으니 말이다.

다행스럽게도 나는 원래부터 미니멀리즘에 관심이 많고 물욕이 별로 없는 편이다. 가계부 예산에 들어있지 않은 물건이라면 사지 않되, 사야 할 물건이라면 신중하게 고민해서 최대한 좋은 것으로 산다. 그래서인지 우리집에 놀러 온 사람들은 "집이 깔끔하네요"라는 말을 많이 하는

데, 알고 보면 집을 잘 정리해서라기보다는 애초부터 자잘한 살림살이가 많지 않아서 그렇다.

써야 할 돈과 쓰지 않아도 될 돈이 무엇인지에 대해 분명한 기준을 세워놓는다면 어디 가서 "궁상맞다"는 소리를 들을 일은 없을 것이다.

나만의 여유자금을 위한 '공돈 통장'

사실 이렇게 소소한 여유를 부릴 수 있는 이유가 하나 더 있다. 바로 '공돈 통장'이다. 나는 남은 푼돈들을 따로 모아두는 통장을 만들어서 공돈 통장이라고 이름 붙여 사용하고 있는데, 이게 은근히 쏠쏠하다.

대단한 것은 아니다. 미리 정해놓은 예산이 있는데 생각보다 할인을 많이 받았거나 쿠폰을 쓰게 되어 실제 지출이 더 적은 경우가 종종 있다. 이때 예산보다 더 아껴진 '공돈'을 가계부에 반영하지 않고 따로 모아두는 것이다. 모을 때는 얼마 안 되는 것 같지만 시간이 지나면 꽤 많은 돈이 쌓여 있다.

이 공돈 통장의 돈은 오롯이 나만을 위해 쓴다. 그동안 내가 이만큼이나 아꼈다는 사실을 만끽하면서 나를 위한 작은 사치를 부리는 것이다. 기분이 울적할 때 카페에서 달달한 커피를 사마실 수도 있고, 친구들에게 밥을 사거나 부모님께 용돈을 드리면서 생색을 낼 수도 있다.

공돈 통장이 가장 빛을 발하는 것은 바로 부동산이나 자기계발과 관련된 값비싼 강의를 들을 때다. 이런 강의는 적게는 몇만 원에서 많게는 몇십만 원까지 하기 때문에 아무래도 한 번에 지출하기가 부담스러울 수밖에 없다. 많은 분들이 그렇게 생활비를 안 쓰시면서 강의비용은 어떻게 해결하느냐며, 혹시 독학으로 공부하는 방법이 있거나 무료로 공부할 수 있는 인터넷 사이트가 있는지를 묻는다.

돈 안 들이고 공부하는 방법이 있다면 나도 참 좋을 것 같다. 하지만 책이나 뉴스만으로 공부하는 것은 한계가 있을 뿐 아니라 넘쳐나는 정보를 그대로 받아들이면 오히려 더 위험한 경우가 많다. 자칫 잘못된 투자를 하면 힘들게 모은 소중한 종잣돈을 한 번에 날릴 수도 있다. 생각만 해도 너무 끔찍하지만, 그렇다고 아끼고 모으기만 해서는 한계가 있으니 투자를 안 할 수도 없다.

결국 초보에게는 고수들을 직접 만나서 질문할 수 있는 기회가 중요하다고 생각한다. 나 역시 강의를 들을 때 고수들의 이야기를 통해 방향성을 세울 수 있다는 것도 좋았지만, 그보다 더 좋았던 것은 궁금한 것을 마음 놓고 물어볼 사람이 있다는 점이었다. 그렇기 때문에 지금도 좋은 강의라면 비용을 아끼지 않는 편인데, 그럴 때 위력을 발휘하는 게 바로 평소에 꾸준히 모아둔 공돈 통장이다.

너무 빡빡하면 꾸준히 유지할 수 없다

공돈 통장의 가장 큰 장점은 절약을 꾸준히 유지할 수 있도록 숨구멍을 만들어준다는 점이다. 종잣돈 만들기의 가장 큰 적은 어쩌면 '이렇게까지 궁상맞게 아끼고 살아야 해?'라는 자괴감일지 모른다. 돈을 아낀다는 것이 먼 미래에는 좋을지 몰라도 당장 힘든 것은 어쩔 수 없다. 하지만 가끔 소소한 사치를 부릴 수 있다면 지치지 않고 계속 노력할 수 있게 된다.

공돈 통장을 어떻게 사용하는지에 대해서는 PART 2에서 좀 더 자세히 설명하겠지만, 절약을 실천하려는 분들에게 꼭 추천하고 싶은 방법이다. 어쩌면 아무렇게나 흩어져 버렸을지 모르는 푼돈들이 모여 얼마나 멋진 일을 해내는지 꼭 경험해보시길 바란다.

행복은 자극의 크기보다 횟수에 더 큰 영향을 받는다고 한다. 한 번에 큰 행복을 느끼는 것도 좋을 수 있지만 소소한 행복을 자주 느끼는 것이 삶의 만족도가 더 높다는 뜻이다. 반대로 생각하면 삶의 만족도를 떨어뜨리는 것은 한 번의 큰 불행보다 일상의 작은 스트레스라고 생각할 수도 있다.

돈을 쓸 때마다 어떻게든 한 푼이라도 더 아껴야 한다는 강박을 느끼면 나도 모르게 궁색한 삶을 살 수밖에 없다. 반대로 내가 미리 짜놓은 예산만 잘 지킨다는 생각으로 소비를 한다면 일상의 스트레스가 훨씬 줄어들면서 마음의 여유가 생길 것이다.

종잣돈이
레버리지를
만나면

　절약에 대한 책이나 글을 보면 일단 대출을 먼저 갚고, 그 후에 적금 등을 이용해서 돈을 모으라는 이야기가 많다. 예금이나 적금에 붙는 이자보다 대출금에 붙는 이자가 더 많기 때문에 먼저 대출이자부터 줄이라는 것이다.

　나도 처음에는 그렇게 생각했다. 대출금이 있다는 사실이 늘 신경 쓰이고, 매달 나가는 이자가 너무 아까워서 얼른 갚아버리고 싶었다. 하지만 시간이 지나면서 그것이 정답이 아니라는 것을 알게 되었다. 당장은 이자로 나가는 금액이 아깝다고 느껴질 수 있지만 그것이 가져다줄 레버리지(Leverage) 효과를 생각하면 오히려 반대일 수도 있다는 것을 깨달은 것이다.

우리가 신혼집을 마련할 때 들어간 보증금 6,000만 원은 모두 신용대출로 마련한 것이었다. 만약 내가 열심히 절약한 돈으로 무조건 이 돈부터 갚아야겠다고 생각했다면 인생의 방향이 지금과는 완전히 달랐을 것이다.

당시 내가 1년에 모을 수 있는 최대 금액은 1,500만 원이었으므로 6,000만 원의 대출원금을 상환하기까지 4년이 걸렸을 것이다. 그렇게 4년의 시간이 흐르면 우리에게는 더 이상 대출이 남아있지 않겠지만, 대신 자산 역시 한 푼도 남아있지 않았을 것이다. 6년이라는 시간 동안 순자산 10억 원 이상을 달성할 수 있었던 것은 대출을 갚는 것보다 활용하는 데에 초점을 맞춘 덕분이라고 생각한다.

드디어 원룸에서 탈출하다

원룸을 탈출해서 꿈에 그리던 아파트로 이사할 때에도 우리는 레버리지를 적극적으로 활용했다. 첫 번째 아파트는 전세 갭투자를 통해 매입했지만, 한 번 부동산에 관심을 갖고 나니 대출에 대해서도 생각이 달라진 것이다. 이제는 대출을 잘 활용하면 정말로 원룸을 벗어나 아파트로 이사를 갈 수도 있겠다는 자신감이 생겼다.

당시에는 주택담보대출이 시세의 70%까지 가능했던 시기였다. 우리에게는 원룸의 전세보증금 6,000만 원이 있으므로, 취등록세 및 기타 비용을 고려했을 때 우리가 매입할 수 있는 아파트 가격은 약 1억7,000만 원까지 가능할 것이라는 계산이 나왔다.

남편이 지하철로 출퇴근 가능한 지역 중에서 적당한 곳을 찾아보기 시작했다. 처음 눈에 들어왔던 곳은 경의중앙선에서 가까운 고양시 행신동의 아파트였다. 구조도 위치도 마음에 들었지만 문제는 가격이었다. 우리가 예상했던 금액보다 1,500만 원이 더 비쌌던 것이다. 1,500만 원이라니! 우리에게는 너무나 큰 돈이었다. 결국 지하철 7호선이 다니고, 예산과 비슷한 시세이면서, 친정에서도 가까운 부천으로 마음을 정했다.

철산동의 첫 아파트를 매입할 때 광명을 돌아다닌 것처럼 이번에는 주말마다 부천을 돌아다니기 시작했다. 구석구석 동네를 익히고, 평일에는 수시로 네이버부동산에 접속해서 매물을 살펴보았다. 어느 날 평소처럼 점심을 먹고 습관처럼 네이버부동산에 접속했는데 1억6,000만 원에 올라온 매물이 눈에 띄었다. 시세보다 1,000만 원이나 싸다니! 중개소에 전화를 걸었더니 주말에 보러 오겠느냐고 묻기에 "지금 당장 가겠다"고 말하고 바로 출발했다.

그 집은 동향이었지만 고층이고 전망이 트여 있으며, 바깥쪽 라인도 아니었다. 계속 지켜봤던 지역에 지켜봤던 단지였기 때문에 망설일 필요가 없었다. 그날 바로 계약하겠다고 말하고, 모아둔 종잣돈으로 계약금 일부를 송금했다. 며칠 후 있는 돈을 탈탈 털어 계약금을 지불했다. 드디어 원룸을 탈출해서 꿈에 그리던 아파트로 이사를 가게 된 것이다! 비록 18평짜리 작고 오래된 아파트였지만 우리는 그 집에서 편안하게 6년을 보냈고, 소중한 아이도 낳아서 알콩달콩 잘 키웠다.

이 아파트의 매입가 1억6,000만 원 중 1억1,700만 원은 주택담보대출로 해결했다. 나머지는 살고 있던 원룸의 보증금 6,000만 원으로 해결했는데, 잔금을 치르고 약간의 돈이 남았다. 이 돈으로는 간단히 집을 수리하고 살림살이를 마련했다.

기존 원룸의 보증금도 남편의 신용대출로 마련한 것이

었으니, 생각해보면 우리는 100% 대출로 내 집 마련을 한 셈이다. 어쩌면 독자들은 너무 위험한 결정을 했다고 생각할지도 모르겠다. 하지만 집값이 오를 거라는 확신이 없었다면 나 역시 그렇게 하지 못했을 것이다.

과감하게 대출을 선택한 이유

당시에 받았던 1억1,700만 원의 주택담보대출은 원금을 갚지 않고 이자만 내다가, 5년 7개월 후 집을 매도하면서 받은 금액으로 원금을 상환했다. 그때까지 우리가 한 달에 내야 할 이자는 주택담보대출이자 약 28만 원, 신용대출 이자 약 14만 원으로 총 42만 원 정도였다. 다행히 금리가 내려가면서 이자도 조금씩 줄었고, 이 집에 살았던 기간 동안 낸 이자는 총 2,800만 원 정도다.

반면에 같은 기간 동안 이 아파트 시세는 1억 원 정도 상승했다. 단순 계산으로 7,200만 원의 이익을 봤으니 이자 비용을 감당할 가치가 충분했다. 월 42만 원이면 거의 월세와 맞먹으니 대출이자를 내는 대신 월세살이를 할 수도 있었다. 하지만 그랬다면 7,200만 원이라는 이익을 얻지는 못했을 것이다.

게다가 '내 집'이 주는 만족감은 정말 무시할 수 없었다. 2년마다 전세금을 올려줄 필요도 없고, 어디로 이사를 갈까 고민할 필요도 없었다. 이후 여러 건의 부동산 투자를 진행할 때에도 대출이나 전세보증금 등의 레버리지는 필수 요소가 되었다.

종잣돈은 그 자체로는 별로 대단해 보이지 않을 수 있지만 이렇게 레버리지를 만나면 엄청난 힘을 발휘한다. 레버리지는 전체 매입가격 중 몇 %에 해당하는지가 비율로 나타나기 때문에 '더하기(+)'가 아니라 '곱하기(×)'로 작용한다. 종잣돈의 금액이 조금만 커져도 그보다 몇 배의 위력이 생기는 것이다. 그래서 절약과 투자는 함께 가야 한다.

요즘은 자본소득의 중요성을 워낙 중시하다 보니 월급이라는 근로소득을 무시하는 경향이 강해졌지만, 나는 여전히 월급을 무척 소중한 존재라고 생각한다. 남편이 벌어 온 월급이 아니었다면 종잣돈을 모을 수 없었을 것이기 때문이다. 알뜰살뜰 살림하며 아낀 돈으로 투자를 이어나가면서 자산을 불려 나가는 맛이란 게 바로 이런 것 아닐까.

갚아야 할 빚,
갚지 말아야 할 빚

 흔히 빚을 '나쁜 빚'과 '좋은 빚'으로 구분하곤 한다. 예를 들어 불필요하게 사용하는 카드 할부 같은 것들은 나쁜 빚에 속하므로 가능하면 만들지 말자는 것이다.

 그보다 좀 더 확실하게 구분하는 방법은 '원금을 상환하는 빚'과 '이자만 내는 빚'으로 나누는 것이 아닐까 싶다. 예를 들어, 우리가 살았던 원룸의 전세보증금은 신용대출로 마련한 것인데, 나중에 작은 아파트 전세로라도 옮겨가려면 종잣돈이 필요했기 때문에 원금상환은 생각도 하지 못했다. 자의 반 타의 반이었지만 이때의 대출은 '이자만 내는 빚'으로, 결과적으로 자산을 늘리는 데에 사용되었다. 늘어난 자산으로 상쇄되었다고 보는 것이다.

하지만 그 와중에도 학자금대출의 원금은 최대한 상환하려고 노력했다. 학자금대출은 자산을 늘리는 데에 사용되는 것도 아닌데 이자가 계속 나가는 것이 아깝기 때문이었다. 생활비에 무리를 주면서까지 원금을 갚지는 않았지만 한 달 예산에서 남는 돈이 있거나 부수입이 생기면 조금씩이라도 학자금대출 원금을 상환했다. 그러면서 차츰 이자 비용도 줄어들었다.

좋은 빚은 자산을 늘리는 데에 쓰인다

집을 살 때 들어가는 돈이라고 해서 무조건 좋은 빚이라고 하기도 어렵다. 처음 1,300만 원을 가지고 광명시 철산동 아파트를 매입했을 때 취득세나 필요경비가 약간 부족했다. 이때 취등록세는 무이자할부가 되는 카드로 결제를 했고, 현금으로 지불해야 하는 법무사 비용과 중개수수료는 보험약관대출을 이용했다.

그리고 돈이 생길 때마다 보험약관대출부터 갚았다. 이 대출은 나중에 자산이 늘어나더라도 상쇄되지 않으니, 빨리 없애는 게 좋다고 생각했기 때문이다.

반면에 부천의 아파트를 실거주로 매수하면서 받은 주택담보대출은 원금을 상환하지 않고 이자만 내다가 매도할 때 받은 금액으로 한 번에 상환했다. 이자 비용은 나중에 매도 수익금으로 상쇄되기 때문이다.

만약 내가 대출은 무조건 싫고 기존 대출도 빨리 상환해야 한다고 생각했다면 종잣돈을 모을 여력이 없었을 것이고, 지속적인 투자도 불가능했을 것이다. 이처럼 대출 상환에도 나름의 전략이 필요하다.

대출과 이자 관리를 위한 '대출상환표'

나는 이자비용을 관리하기 위해서 대출상환표를 만들어서 자주 들여다본다. (뒷페이지 참조) 어떤 대출의 원금을 갚고 또 어떤 대출은 유지하는 게 나을지를 수시로 생각해보기 위해서다. 그러다보면 이자비용을 낮추기 위해 더 낮은 금리의 상품으로 대환대출을 받거나 다른 수익으로 이자를 충당할 수는 없을까 하는 고민도 자연스럽게 하게 된다.

참고로, 원룸 보증금이었던 신용대출 6,000만 원은 아

》대출상환표의 예시

① ○○생명약관대출 : 원금 7,360,000원 / 금리 연 4.07% → 먼저 상환할 것!				
날짜	상환금액	대출잔액(원금)	납입이자	이자누적액
9월 4일	610,000	6,750,000	9,008	9,008
9월 19일	-	-	8,218	17,226
9월 20일	150,000	6,600,000	3,735	20,961
9월 21일	300,000	6,300,000	730	21,691
9월 27일	500,000	5,800,000	4,183	25,874
9월 28일	1,650,000	4,150,000	641	26,515
10월 19일	100,000	4,050,000	9,606	36,121
10월 22일	-2,000,000 (추가)	6,050,000	-	-
10월 25일	2,000,000	4,050,000	9,606	36,121
11월 5일	5,500,000	3,500,000	4,906	44,363
…	…	…	…	…
1월 15일	-	-	1,889	59,644
1월 22일	600,000	720,000	872	60,516
1월 25일	720,000	끝!	872	60,516
총 납부이자				60,516 원

② 청약저축담보대출 : 원금 2,800,000원 / 금리 연 2.9%				
날짜	상환금액	대출잔액(원금)	납입이자	이자누적액
9월 27일	-	2,800,000	6,896	6,896
10월 24일	-	2,800,000	6,673	13,569
11월 26일	-	2,800,000	6,896	20,465
12월 24일	-	2,800,000	6,780	27,245
1월 24일	-	2,800,000	7,015	34,260
2월 25일	-	2,800,000	7,015	41,275
3월 25일	-	2,800,000	6,729	48,004
3월 27일	2,800,000	끝!	722	48,726
총 납부이자				48,726 원

직도 상환하지 않은 채 이자만 내고 있다. 이 대출은 금리가 낮아서 이자를 내는 것이 크게 부담스럽지 않기 때문이다. 그동안 자산이 꽤 늘었으니 원금을 갚아버릴 수도 있지만, 그 6,000만 원을 다른 곳에 투자하면 이자보다 더 많은 수익을 올릴 것이 분명하다는 생각 때문에 굳이 갚지 않고 있는 것이다.

대출은 무조건 나쁜 것, 갚아야 하는 것이라는 고정관념을 버리고 어떻게 활용하는 게 더 이득일지를 다양하게 생각해보면 좋겠다. 투자를 잘하는 사람은 결국 레버리지 활용을 잘하는 사람이기도 하다.

"그거 아낀다고 얼마나 되냐"는 사람들

 연봉 3,000만 원으로 1년에 1,500만 원을 모았다고 하면 많은 사람들이 "돈을 못 쓸 때 받는 스트레스는 어떻게 참느냐"고 묻는다. 그런데 솔직히 말하자면 나는 그렇게 스트레스를 받지 않았다. 아니, 정확히 말하면 그것이 스트레스라고 생각하지 않았다.

 물론 처음부터 그랬던 것은 아니다. 대학생 시절 친구들이 방학을 이용해서 배낭여행이나 단기 어학연수를 다녀올 때는 아르바이트를 해야 하는 스스로가 처량맞았고, 신혼 시절 춥고 작은 원룸에서 탈출해보겠다고 악착같이 돈을 모으던 시절에는 아이 없을 때 많이 놀러 다니라는 친구들의 조언에 헛웃음만 나왔다.

하지만 1년간 모은 종잣돈으로 첫 번째 부동산을 구입한 후 그런 생각은 완전히 달라졌다. 변한 것이라고는 내 이름으로 된 작은 아파트 한 채가 생겼다는 것뿐, 나는 여전히 원룸에서 한 푼 두 푼 아끼며 살아가고 있는데도 세상이 다르게 보이기 시작한 것이다.

예쁜 옷을 보아도 이제는 '옷값을 모아서 빨리 집 한 채를 더 사는 게 낫지'라는 생각이 먼저 들었고, 예쁜 구두를 구경하는 것보다 상승하는 집값 시세를 보는 것이 더 흐뭇했다. 어느 순간부터 돈을 '못 쓰는 것'이 아니라 더 많은 자산을 만들기 위해 '안 쓰는 것'으로 생각이 바뀐 것이다.

'궁상'과 '검소함'의 씁쓸한 차이

우리 부부는 아이를 낳고 나서도 오랫동안 자동차를 사지 않았다. 주변에서는 이제 아이도 생겼고 자산도 꽤 모았으니 차를 사는 게 좋지 않으냐고 했지만 우리가 차를 구입한 것은 최근의 일이다. 그동안은 어린이집이 가까워서 걸어 다닐 수 있었지만, 광명 입주를 앞둔 상황에서 아이가 유치원에 들어가게 되어 입주 전까지 약 3개월은 차로 직접 등하교를 시켜야 하는 상황이 되었기 때문이다. 그것만 아니었으면 아직도 차를 안 샀을지도 모르겠다.

비오는 날 어린 아이에게 비옷을 입히고 우산을 씌워서 어린이집까지 걸어가는 것을 누군가는 궁상맞다고 할 수도 있다. 하지만 불필요한 소비를 하지 않는 것이 궁상이라면, 요즘 많은 사람들이 실천하고 있는 미니멀리즘도 궁상이라고 해야 할까? 목표를 이루기 위해 소비를 잠시 미루는 것은 비웃음을 살 일이 아니라 칭찬받아야 할 일이다. 주변의 삐딱한 말 따위에 흔들릴 필요 없다.

아끼고 절약하다 보면 종종 이런 말을 듣게 된다.

"이거 아낀다고 얼마나 모은다고 그래?"

"이런 것도 못 하고 살 거면 돈은 왜 벌어?"

나는 힘들게 노력하고 있는데 이런 말을 들으면 자괴감이 생기면서 자칫 종잣돈 모으기를 포기하거나 과소비를 하게 되기 쉽다.

재미있는 것은 내가 원룸에 살 때는 "왜 그렇게 궁상맞게 사느냐"고 했던 사람들이 지금의 나에게는 "어쩜 그렇게 검소하냐"고 말한다는 점이다. 나의 생활 방식이나 씀씀이는 그때나 지금이나 크게 달라지지 않았는데 말이다.

자산이 늘어나는 경험을 해본 사람들은 "그까짓 푼돈 모아 봤자"라는 말을 쉽게 하지 못한다. 반대로 그런 경험을 해보지 못한 사람들일수록 푼돈을 더 우습게 생각하는 경향이 강하다. 그런 사람들은 진짜로 당신의 인생을 걱정하는 것이 아니라 별생각 없는 참견쟁이들일 뿐이다. 그러니 크게 귀담아들을 것이 못 된다.

부자일수록 절약의 가치를 안다

나보다 훨씬 많은 자산을 이루신 분들을 종종 만나게 되지만, 그런 분들에게서는 한 번도 절약에 대해 부정적인 말을 들어본 적이 없다. 오히려 나의 노력을 칭찬하며 격려해 주시고, 본인들 스스로도 불필요한 지출을 하지 않는 검소한 삶을 사시는 경우가 많다. 그런 분들을 보면 내 생각이 틀리지 않았음을 다시 한 번 느낀다.

당장 인터넷 재테크 카페에 들어가 보면 알 수 있을 것이다. 하루하루 절약하며 미래를 준비하는 사람들이 얼마나 즐거운 마음으로 임하고 있는지를 말이다. 주변에 돈 쓰기 좋아하는 사람, 절약의 가치를 우습게 아는 사람, 부정적인 말을 하는 사람들이 있다면 이제부터는 적당히 거리를 두자. 대신 미래를 위해 함께 노력하는 사람들과 어울리는 게 훨씬 현명하다.

남을 보지 말고,
나 자신만
보자

 언젠가 사촌동생이 돈에 대한 고민을 이야기한 적이 있다. 회사를 다니면서 돈을 모으긴 했는데 이렇게 저렇게 다 써버렸고, 다시 모으려고 하는데 잘 안 된다는 것이다. 그러면서 자신의 친한 친구 이야기를 했다.

 그 친구와 어울리다 보면 돈을 생각보다 많이 쓰게 된다고 했다. 친한 친구라서 종종 함께 해외여행도 가는데, 돈 많이 드니까 함께 못 간다고 하기도 그렇고, 사실 자기도 가고 싶으니 결국 모아둔 돈으로 여행을 떠난다고 했다. 쇼핑할 때도 그렇다. 서로 "예쁘다, 잘 어울린다, 나는 이거 살 건데 너도 그거 하나 사라" 하다 보면 어느새 양손 가득 쇼핑백이란다. 밥을 먹을 때도 그 친구가 이거 먹자고 하는데 비싸니까 다른 거 먹자고 하기도 그렇고, 어느 순간 '인생 뭐 있나, 젊을 때 해보는 거지'라며 지냈다고 한다.

그런데 얼마 전 이 친구가 상가를 하나 매입했다는 것이다. 친한 또래 친구가 상가 주인이 되었다는 소식에 사촌동생은 적잖이 놀랐는데, 알고 보니 그 친구는 원래부터 연봉이 많았다. 반면에 월급 200만 원이 채 안 되는 사촌동생은 친구의 생활 패턴을 따라가다 보니 돈을 모을 여력이 있을 리가 없었다.

욜로로 사는 것일까, 욜로를 흉내내는 것일까

인생은 한 번뿐이니 현재를 즐기며 살자는 '욜로(YOLO, You Only Live Once)' 열풍이 한동안 유행했다. 불확실한 미래를 위해 현재를 희생하기보다는 지금의 행복을 추구하며 '소확행(소소하지만 확실한 행복)'을 추구하자는 것이다.

당장 길 가다가 죽을지도 모르는 게 인생인데 살아있는 이 순간을 즐기는 것은 분명 좋은 일이다. 하지만 가끔은 내일이 없는 무분별한 소비행태를 두고 '욜로'라는 말로 변명하는 것은 아닌가 싶을 때도 있다. 현재에 최선을 다하고 소소한 행복을 즐기자는 것과 있는 돈을 몽땅 써버리자는 것은 전혀 다른 말이 아닐까?

금전적으로 여유가 있다면 여행을 다니거나 쇼핑하는 것도 분명 좋은 일이다. 소비가 활발해야 경제도 살아날 테고 말이다. 하지만 과연 지금 나의 상황에서 그렇게 해도 정말 괜찮은 걸까?

인스타그램이나 블로그에서는 해외여행에서 찍은 사진, 예쁜 카페나 맛집에서 찍은 사진, 예쁜 옷으로 한껏 차려입은 사진을 쉽게 찾아볼 수 있다. 그러다 보면 친구들은 하고 싶은 것을 실컷 하면서 행복하게 사는데 난 이게 뭔가, 고작 이런 것 하나도 못 사면 내가 뭐하러 돈을 벌고 있나하는 자괴감을 느끼게 되는 경우도 많다. 차라리 SNS를 끊어버리는 것이 정신건강에 더 이로울지도 모르겠다.

이렇게 다른 사람들과 사는 모습을 비교하면서, 정작 스스로에 대해서는 냉정하게 돌아보지 못하는 사람들이 많은 것 같다.

"지금은 돈 모을 여력이 없다"는 말

종종 아들 친구의 엄마들과 만나서 커피를 마시곤 하는데, 꽤 오래 만나면서 친해지다 보니 이제는 가정경제 상황도 조금씩 공유하게 되었다. 언젠가 우리 집은 남편의 월급으로 한 달에 100만 원 이상, 여기에 주식 투자 등의 부수입까지 해서 한 달에 약 1,000만 원 정도를 모은다고 한 적이 있는데, 다들 깜짝 놀라면서 비결이 뭐냐고 물었다.

이런저런 이야기를 나누다보니 신기하게도 대부분 비슷한 고민을 이야기했다. 얼른 종잣돈을 만들어야 하는데 너무 여유가 없어서 큰일이라는 것이다. 이유가 무엇이냐고 물으면 대부분 비슷한 대답이 나왔다.

"지금은 모을 돈이 없어요. 생활비도 빠듯해요."

가계부를 한 번 써보면 어떠냐고 했다. 그러면 쓸데없이 나가는 돈이 보이지 않겠느냐고 말이다. 하지만 어디에 돈을 썼는지는 카드명세서와 문자에 다 있기 때문에 이미 잘 알고 있다며, 쓸데없이 나가는 돈은 딱히 없다고 했다. 돈을 모으지 못하는 이유는 '수입이 적어서'라고 생각하는 것 같았다.

많은 사람들이 비슷한 고민을 하는 것 같다. 하지만 비슷한 지역, 비슷한 아파트에 살면서 같은 유치원에 아이를 보내고 있으니 그분들의 수입이 우리 집과 크게 다르지는 않을 것이다. 그중에는 남편의 월소득이 상당히 많은 분도 있었다. 그런데도 한결같이 "돈이 안 모인다"고 말하는 것이 내 입장에서는 신기한 일이었다.

많이 벌면 많이 모을 수 있는 것은 어느 정도 사실이다. 하지만 주변을 조금만 둘러보면 연봉이 많다고 저축도 많이 하는 건 아니라는 걸 쉽게 알 수 있다. 많이 버는 사람도 많이 쓰면 주머니에 남은 돈이 없는 건 마찬가지일 테니 말이다.

현명한 절약은 써야 할 돈을 안 쓰는 게 아니라 쓸데없이 나가는 돈을 막는 것이라고 생각한다. 부자든 가난한 사람이든 하루에 세 끼 먹는 것이나, 하루에 옷 한 벌씩 입는 것은 마찬가지일 것이다. 꼭 필요한 생활비는 어느 정도 정해져 있다는 뜻이다. 그 이상의 소비는 각자의 선택에 달린 문제다.

종잣돈을 모으려면 스스로에게 냉정해질 필요가 있다. 나의 현실을 냉정하게 파악하고, 지금 내가 할 수 있는 방법을 찾아야 하는 것이다. 그렇게 모아봤자 부자들이 모으는 것보다 훨씬 적은 금액이라 해도 최소한 어제의 나보다는 나아져 있을 것이 분명하다.

비교는 저 멀리 내다 버리자. 부자들이나 욜로족들이 어떻게 살든 그들의 인생일 뿐 내 인생은 아니다. 부정적인 감정은 내 삶에 아무런 도움이 되지 않고 오히려 의욕만 떨어뜨릴 뿐이다.

오늘 하루만 살고 말 인생이라면 상관없겠지만 요즘은 별일 없으면 기본적으로 80세까지는 살게 되는 시대다. 인생은 장기전이고, 절약과 투자도 그렇다. 남의 시선보다 더 중요하게 생각해야 할 것은 바로 자기 자신의 미래라는 점을 잊지 말았으면 좋겠다.

PART 2
전략적 절약으로 우아하게 아껴보자

시작은
씀씀이를 정확히
파악하는 것

친구가 상가를 매입한 걸 보고 충격을 받았다는 그 사촌동생이 나에게 돈 모으기를 도와달라고 한 적이 있다. 그러면서 대뜸 이렇게 묻는 것이었다.

"언니, 나 1년 동안 얼마나 모을 수 있어?"

순간 당황할 수밖에 없었다. 동생이 얼마를 버는지, 그리고 얼마를 쓰는지 전혀 모르는 상황에서 내가 어떤 대답을 해줄 수 있을까? 게다가 돈을 모으고 싶다는 녀석이 그런 걸 한 번도 생각해보지 않았다니….

사촌동생은 흔히 이야기하는 강제 저축부터 생각했다

고 한다. 절약에 대한 책이나 커뮤니티를 보면 일단 수입금의 절반을 뚝 떼어서 저축한 후 남은 돈으로만 생활하라는 이야기가 많았기 때문이다. 하지만 안 그래도 생활이 빠듯해서 그럴 자신은 없다고 했다. 기껏해야 한 달에 적금 10만 원과 청약통장 10만 원 정도가 최대치일 것 같은데, 그렇게 모아봐야 1년에 300만 원도 안 된다는 생각에 별로 의욕이 생기지 않는다고 했다. 아직 실망하기에는 이르다는 생각에 나는 일단 사촌동생에게 직전 3개월치 카드 내역서를 뽑아본 후 만나서 분석해보자고 했다.

며칠 후 준비해 온 카드 내역서를 함께 분석하기 전에 먼저 사촌동생의 소감을 물었다. 그랬더니 "내가 편의점에서 엄청나게 돈을 많이 쓴다는 걸 알고 깜짝 놀랐어"라고 한다. 군것질을 좋아해서 퇴근길에 집 앞 편의점에 들러 과자를 사 가곤 했는데, 그 횟수가 그렇게 잦은 줄은 이번에 정리하면서 알게 됐다고 한다.

그리고 커피전문점에 매일 긴 깃도 반성 중이라고 했다. 동생은 속이 좋지 않아서 커피를 끊겠다고 했는데 커피 대신 다른 음료를 매일 마셨다는 것이다. 그렇다고 다른 음료를 딱히 좋아하는 것도 아닌데 그냥 밥 먹고 커피

전문점에 가는 것이 습관처럼 되어버렸다고 했다.

내가 돈을 모으고 싶다는 사람들에게 제일 먼저 가계부를 써보라고 하는 이유는 이 때문이다. 본인이 미처 인지하지 못한 채 빠져나가는 돈이 생각보다 많다는 걸 스스로 깨우치려면 지출 내역을 하나하나 확인해보는 것만큼 확실한 게 없다.

종잣돈을 모으는 과정은 각자의 상황에 맞게 진행되어야 한다고 생각한다. 사람마다 소득과 처한 상황이 다른데 무조건 얼마 이상 저축부터 하라는 강제 저축 방식은 어쩌면 일종의 폭력일 수도 있다. 오히려 '남들은 월급의 절반씩 잘만 저축하는데 나는 왜 그러지 못할까'라는 생각에 금방 지쳐버릴 수도 있다. 마치 무리한 다이어트일수록 요요현상이 훨씬 빨리 오는 것처럼 말이다.

나는 어떤 곳에 돈을 쓰고 있었을까

사촌동생은 우선 커피전문점과 편의점에 가는 횟수를 줄이는 것부터 시작하기로 했다. 그러나 그것만으로는 안 된다. 노력해서 절약하는 것보다는 애초부터 돈이 나갈 구석을 막는 것이 훨씬 효율적이다.

나는 우선 휴대폰과 인터넷 요금부터 살폈다. 부릿지 멤버들의 가계부를 살펴보면서 느낀 것이 있는데, 사람들은 생각보다 필요 이상으로 비싼 요금제를 사용하는 경우가 많았다. 스마트폰으로 영화도 보고 음악도 듣다 보면 데이터가 많이 필요할 거라는 생각에 비싼 요금제부터 덜컥 가입하지만, 막상 지난 몇 달간의 인터넷 사용량을 실제로 조회해보면 생각보다 모바일 데이터 사용량이 많지 않을 수 있다. 요즘은 와이파이를 무료로 제공하는 곳이 많아지다 보니 더욱 그렇다. 그래서 사촌동생에게도 휴대폰과 인터넷 요금을 다시 알아보고 재정비하라고 했다.

한 가지 더 추가하자면, 휴대폰을 굳이 2년마다 바꿀 필요는 없다는 것이다. 휴대폰 할부 약정이 끝날 때가 되면 당연하다는 듯 신제품 휴대폰으로 갈아타는 사람이 많은데, 나는 고장이 난 게 아니라면 굳이 쓰던 휴대폰을 바꾸려 하지 않는다. 멀쩡한 물건을 두고 새 것을 산다는 것이 내 가치관에 잘 안 맞기도 하지만, 새로운 휴대폰에 적응하고 앱이나 각종 인증서를 새로 등록하는 것도 일이다.

요즘 휴대폰 중에는 100만 원을 훌쩍 넘기는 것들이 많다. 이 비용을 요금제에 포함시키면 매월 조금씩 빠져나가기 때문에 부담이 적지만, 그래서 자신이 2년마다 100만 원이 넘는 돈을 지출하고 있다는 사실을 잘 깨닫지 못하게 된다. 게다가 할부이자가 5.9%라는 사실을 아는 사람도 드물다. 예금금리는 3%만 되어도 엄청나게 높다며 사람들이 앞다투어 가입하려 드는데, 할부이자 5.9%는 아무렇지 않게 생각한다는 것도 이상한 일이다.

나의 경우는 휴대폰을 4~5년 정도 쓰다가 기기를 바꿔야 할 상황이 되면 일시불로 구매하거나, 무이자 3개월 혜택을 주는 신용카드로 3회에 걸쳐 납부한다. 그리고 요금제는 기존의 것을 계속 유지한다. 그러면 크게 노력하지 않고도 쓸데없이 지출되는 할부이자와 과도한 요금제로 인한 낭비를 막을 수 있다.

사촌동생의 경우는 교통비를 아끼기에도 유리한 조건이었다. 출퇴근할 때는 버스 환승을 하지 않고 지하철만 이용한다기에 교통카드보다 정기승차권을 이용하는 것이 좋겠다고 조언했다. 서울지하철의 경우 정기승차권을 이용하면 횟수에 따라 최대 15%까지 할인을 받을 수 있다. 버스 환승이 되지 않고 충전해서 사용해야 한다는 번거로움이 있지만, 출퇴근용으로 사용할 한 달치 요금을 한 번에 충전해 놓으면 크게 불편할 일이 없다.

사실 이런 노력으로 아낄 수 있는 금액은 한 달에 10만 원 안팎에 불과하다. 하지만 5분도 안 되는 잠깐의 수고로 한 달에 10만 원씩 꾸준히 아낄 수 있다면 이만큼 효율적인 방법도 없을 것이다.

사촌동생이 가장 받아들이기 힘들어한 부분은 역시 옷이나 신발 쇼핑이었다. 생활비에서 조금씩 떼어서 모아두었다가 옷이나 신발을 하나씩 장만하는 건 괜찮지 않느냐는 것이다. 하지만 나의 대답은 단호하게 '노(No)'! 말로는 조금씩 모은 돈으로 가끔 하나씩 장만한다고 하지만, 지금까지의 소비 습관으로 볼 때 실제로는 반대가 될 가능성이 크기 때문이다. 생활비가 남는다면 그 돈은 예비비로 따로 모아두는 게 좋다. 처음부터 '쇼핑'이라는 이름표를 붙여버리면 실제로는 더 많이 쓰게 될 가능성이 높기 때문에 일부러 단호하게 선을 그어준 것이다.

물론 평생 쇼핑을 하지 않을 수는 없다. 하지만 소비습관이 자리 잡기 전까지 당분간은 이미 가지고 있는 옷과 신발과 가방으로 생활해도 아무 문제가 없을 것이다. 나는 사촌동생에게 "옷을 한 벌 사면 그만큼 네 집 마련은 늦어지는 거야"라고 엄포를 놓았다. 나중에 종잣돈이 모이고 나면 실컷 하라고, 영원히 못한다고 생각하지 말고 '잠시 미뤄둔다'고 생각하라고 말이다.

나에게 잘 맞는 절약법을 찾자

이런저런 방식으로 불필요한 지출을 걷어내고 나니 현상태를 유지하면서도 1년에 760만 원은 모을 수 있다는 계산이 나왔다. 잘 해봐야 300만 원 정도가 최대일 거라고 생각했던 사촌동생은 의외로 씀씀이를 줄일 곳이 많다는 사실에 자신감을 얻었다. 하지만 나는 조금만 더 노력해서 '1년에 1,000만 원 모으기'를 목표로 삼자고 했다. 조금 빡빡할 수는 있지만 불가능한 숫자는 아니므로, 조금씩 노력해보자고 말이다.

아마도 사촌동생이 내 말을 잘 따라준다면 나중에는 불필요한 소비를 알아서 절제하게 될 거라 생각한다. 내가 그랬듯이, 푼돈을 모아서 자산을 늘리는 재미에 한 번 빠지면 자연스럽게 옷 한 벌 살 돈으로 주식을 한 주 더 사자는 생각을 하게 되기 때문이다. 사촌동생이 그런 재미를 느끼게 될 때까지는 조금 엄격한 언니가 되기로 했다.

이런 식으로 사촌동생의 한 달 생활비를 50만 원으로 책정하고, 한 달에 한 번씩 가계부를 점검해주었다. 처음에는 생활비를 곧잘 초과하더니 나중에는 조금씩 익숙해지며 소비가 줄어들기 시작했다. 기특하게도 사촌동생은 목표한 금액을 차근차근 모으더니, 2020년부터 나와 함께 주식을 공부하면서 꽤 괜찮은 수익을 냈다. 이제는 결혼을 해서 어엿한 엄마가 되었고, 지금도 소액으로 꾸준히 주식 투자를 하면서 그 수익을 차곡차곡 모으고 있다. 이대로라면 머지않아 그렇게 소망하던 '내 집 마련'을 이루게 될 것 같다. 원한다면 그때도 옆에서 열심히 도와줘야겠다고 생각하고 있다.

많은 사람들은 월급날이 되면 비슷한 경험을 한다. 급여가 들어온 지 얼마 안 된 것 같은데 카드 대금으로 순식간에 빠져나가는 것이다. 그러면서 이런 말을 한다.

"아니, 뭐 산 것도 없는데 카드를 이렇게 많이 썼어?"

이런 말이 나온다는 것은 내가 지난 달에 얼마를 썼는지 정확히 알지 못한다는 뜻이다. 계획 없이 지출을 하기 때문이다. 이렇게 통장 잔고가 바닥나면 이번 달도 신용카드로 살아가게 되고, 다음 월급날에도 똑같은 일이 반복

될 것이다.

내 돈을 내가 통제하기 위해서는 자신의 소비와 지출을 정확히 파악하는 것부터가 시작이다. 그래야 불필요한 낭비를 막고 저축액을 늘릴 수 있다. 너무나 당연한 말이지만, 돈 모으기의 기본은 지출액을 최대한 적게 유지하는 것이다.

저축 목표는
최대한
구체적으로

무슨 일을 하든지 가장 먼저 해야 할 일은 목표를 세우는 것이다. 종잣돈 모으기도 마찬가지다. 그냥 왠지 '돈을 모아야 할 것 같아서'라는 막연한 목표를 가지고 있으면 그냥 남들 하는 대로 적당히 적금이나 붓다가 끝나기 쉽다.

만기가 돌아왔을 때 그 돈의 사용처를 미리 정해두지 않으면 때마침 목돈이 필요한 일에 써버리거나 여행을 떠나버리기도 한다. 그래서 돈 모으기에는 '언제까지, 얼마를, 무엇에 쓰기 위해 모은다'라는 뚜렷한 목표가 필요하다.

결혼 후 내가 제일 처음 한 일은 가계부 앞표지에 '부자가 될 거야!'라고 적은 것이었다. 이때는 그냥 막연하게 그 생각뿐이었고, 뭘 어떻게 해야 부자가 되는지를 생각해보지 않았다. 당연히 막막할 수밖에 없었다. 목표를 세우고 그에 맞는 계획을 세워 차근차근 진행해야 하는데 그러기엔 너무 목표가 두루뭉술했다.

그러다가 구체적인 목표를 세우게 된 것은 원룸 탈출을 결심하고 난 뒤였다. 가장 싼 전세가격이 9,000만 원이었기 때문에 모자란 돈 3,000만 원을 2년 동안 모으자는 목표가 생긴 것이다. 그러기 위해서는 1년에 1,500만 원을 모아야 했다. 나는 가계부에 목표를 고쳐 적었다.

> 나의 목표
> 2년 동안 3,000만 원 모으기
> 이를 위해, 올해 1,500만 원 모으기

돈 모으기의 목표는 이렇게 구체적으로 정하는 것이 좋

다. 이것이 왜 중요한가 하면, 우선 구체적인 목표가 없으면 돈을 모으는 재미도 없기 때문이다. 재미가 없으면 당연히 지속하기도 힘들다.

절약과 돈 모으기에 도전해본 경험이 있다면 그 과정이 결코 쉽지 않다는 것을 잘 알 것이다. 세상에 맛있는 것들은 왜 그렇게 많고, 예쁜 것들은 또 왜 그렇게 계속 생겨나는지…. SNS에 올라온 지인들의 여행 사진이나 먹거리, 볼거리를 보면 순간순간 소비의 유혹에 흔들리기 마련이다. 그럴 때 하필 적금 만기가 돌아온다면? 그동안 힘들게 모아온 돈이 순식간에 흩어져버릴 수 있다.

구체적 목표를 세우기 위한 5가지 질문

그렇기 때문에 목표를 구체적으로 세워야 하지만 쉬운 일은 아니다. 남들이 한 달에 100만 원씩 적금을 든다고 하니 나도 무조건 월급에서 100만 원을 떼어놓고 살아볼까? 그런데 그렇게 했을 때 남는 금액만으로는 생활비가 턱없이 부족하다면?

뚜렷한 목표를 세우기에 앞서 먼저 이뤄져야 할 일은 수입과 지출을 꼼꼼히 따져보고 현실적으로 가능한 절약

금액을 먼저 계산해보는 것이다. 현재 상태에서 저축할 수 있는 돈이 한 달에 50만 원이라는 계산이 나온다면, 조금 더 노력해서 한 달에 70만 원으로 늘려보자는 식으로 목표를 세우는 게 좋다.

자신의 경제적 상황을 점검해 보기 위해 반드시 따져봐야 할 질문은 다음과 같은 것들이다.

- 현재 나의 재산 상태는 어떠한가?
- 매달 남는 돈, 즉 저축 가능한 금액은 얼마인가?
- 이대로 나이를 먹었을 때 생활이 가능한가?
- 부모님에게 물려받을 재산이 있는가?
- 나중에 부모님을 부양해야 하는 상황인가?

이런 질문에 답해봄으로써 나를 객관적으로 들여다보는 시간을 가져야 한다. 이를 바탕으로 언제까지, 얼마를, 무엇을 위해 돈을 모을 것인지 정하는 것이 절약의 첫 번째 관문이다.

든든한
절약 파트너
'3개의 가계부'

　어느 책이든 종잣돈을 마련하기 위해서는 가계부를 써야 한다고 이야기한다. 그런데 가계부라는 것, 이게 은근히 쓰기가 어렵다. 하루하루 정신없이 살다 보면 매일 쓰는 것도 쉽지 않고, 하루 날 잡아서 써보려고 하면 지출내역이 도무지 기억나지 않는다. 기껏 기록해서 합계를 내보니 어딘가에서 금액이 맞지 않고, 처음부터 다시 쓰자니 난감하고…. 그렇게 조금씩 밀리다 보면 어느 순간 가계부 쓰기가 부담스러워지기 시작한다.

　그런 사람들을 위해서 내가 조언해주고 싶은 것은 '사

소한 것에 너무 신경 쓰지 말라'는 것이다. 하루 이틀 빼먹었다고 스트레스 받지 말고 기억나는 것만이라도 일단 기록하는 게 좋고, 몇백 원쯤 오차 나는 것도 그냥 그대로 적어두면 될 뿐 크게 신경 쓸 필요 없다.

가계부를 쓰는 가장 큰 목적은 절약을 해서 종잣돈을 모으는 것이다. 내가 돈을 어디에 쓰고 있으며, 쓸데없는 소비를 한 것은 아닌지를 스스로 돌아보고 고쳐가기 위한 도구일 뿐이다. 따라서 꾸준히 기록하는 그 자체가 중요한 것이지 계산 좀 안 맞는다고 큰일 나는 것은 아니다.

가계부를 쓰는 데에 특별한 비결이 있느냐는 질문을 자주 받는데, 각자의 상황이 모두 다르므로 어떤 것이 정답이라고 말하기는 어렵다. 다만 책을 읽는 분들이 참고하실 수 있도록 나의 가계부 쓰는 요령을 알려드리고자 한다.

나는 가계부를 총 세 개 작성하고 있다. 첫 번째는 월 단위로 수입과 지출을 비교해서 기록하는 전체 가계부이고, 두 번째는 고정적인 지출을 제외하고 일상적으로 나가는 돈만 따로 기록하는 생활비 가계부다. 그리고 세 번째는 재테크 성과와 레버리지 등을 기록해두기 위한 재테크 가계부다.

각자의 상황에 맞춰 가계부를 작성하는 것이 가장 좋겠지만, 종잣돈 모으기를 처음 시작하는 분들에게는 최소한 두 개의 가계부를 작성하라고 권하고 싶다. 월 단위의 전체 가계부와 생활비 가계부가 그것이다.

그때그때 기록하는 '생활비 가계부'

가장 자주 쓰게 되는 것은 생활비 가계부다. 매월 고정적으로 나가는 비용 외에 그때그때 사용하게 되는 생활비가 있을 텐데, 주로 식료품이나 생필품을 사거나 옷, 외식, 아이들 학용품 등 소비재를 사는 데에 들어가게 된다.

나의 경험상 생활비 가계부는 휴대폰 앱을 활용하는 것이 가장 편리했다. 늘 손에 들고 다니면서 지출할 때마다 바로바로 입력하고, 잔액이 얼마나 남았는지 확인이 가능하기 때문이다. 요즘은 다양한 가계부 앱이 나와 있으니 여러 가지 앱 중에서 어떤 것이 나와 잘 맞을지는 직접 사용해보면서 평가하는 것이 가장 좋다.

내가 주로 사용하는 생활비 관리용 가계부는 '편한가계부'라는 스마트폰 앱이다. 기능이 다양하지는 않지만 꼭 필요한 기능만 있어서 군더더기 없이 깔끔하다. 생활비는 항목별로 나눠놓을 수 있는데 나는 크게 식비, 생활품, 의류비, 의료비, 육아비로 정도로 크게 나누어 두었다. 월말 결산을 할 때면 어느 항목의 지출이 많은지 한눈에 차트로 확인할 수 있고, 지난 달에 비해 얼마나 썼는지를 항목별 꺾은선그래프로 보여주기도 한다.

》》스마트폰 가계부 앱 예시 (편한가계부)

출처: '편한가계부' 홈페이지

항목별로 예산을 따로 짜는 것도 방법이겠지만 나는 그렇게 세부적으로 계획하는 편은 아니다. 다음 장에서 자세히 다루겠지만, 나는 이미 고정비를 전체적으로 손봐둔 상태이기 때문에 생활비만 60만 원을 넘지 않는 수준에서 관리해도 충분하다. 어떤 달은 의료비가 더 들기도 하고, 또 어떤 달은 육아비가 더 들기도 하므로 그 안에서 융통성 있게 쓰면 그만이다.

다만 결산할 때 어느 부분에 얼마를 더 썼는지는 꼭 체크한다. 내가 나의 돈을 어떻게 쓰고있는지 스스로 파악하는 것이 중요하기 때문이다. 나의 경우는 아이가 태어나고 자람에 따라서 생활비를 적당히 조정했다. 이는 매월 내가 어디에 돈을 썼는지 계속 체크하면서 어느 부분에서 지출을 더 늘려야 할지 파악하고 있었던 덕분이다. 반대로 아이가 어느 정도 자라면서 다시 예산을 줄이게 되었을 때도 어느 부분에서 얼마나 줄일 수 있을지를 잘 알고 있었기 때문에 가능했다.

가계부 앱에는 카드 사용 문자가 오면 자동으로 입력해주는 등 편리한 기능도 많다. 하지만 일부러 그런 기능을 꺼두었는데, 생활비만 관리하는 가계부에 보험료 등 카드로 자동납부되는 고정비가 입력되는 경우가 있기 때문이다. 이런 항목은 나중에 하나하나 찾아서 삭제해야 하기 때문에 오히려 번거롭다는 생각이 들었다.

그리고 성격상 하나하나 수동으로 입력하면서 소비 내

역과 잔액을 수시로 파악하는 것이 더 좋기도 했다. 날마다 하나하나 입력하려면 귀찮지 않느냐는 분들도 있지만, 불필요한 소비 항목만 줄여도 적어야 할 내용이 많지 않기 때문에 그렇게 어려운 일은 아니다. 이 부분은 개인의 성향에 맞게 활용하는 게 좋을 것 같다.

팁을 하나 알려드리자면, 카드 대금의 결제일은 보통 매월 12일에서 15일 사이로 설정해두는 것이 좋다. 카드사마다 다르기 때문에 정확한 날짜를 정해두기는 어렵지만, 핵심은 한 달 결제 금액을 산정하는 기준일이 매월 1일부터 말일까지가 되도록 하는 것이다.

카드 대금은 사용자가 지정한 날짜에 따라 매월 ○일부터 한 달 간의 금액을 합해서 결제 금액을 정산한 후, 약 2주 정도가 지났을 때 계좌에서 돈이 빠져나가는 구조다. 흔히 대금 결제일을 월급날의 다음날로 맞춰놓는 사람들이 많은데, 그러면 지난 달에 사용한 금액과 통장에서 빠져나가는 금액이 달라서 관리가 어렵다. 정산일이 매월 말일이 되도록 대금 결제일을 조정하면 이러한 불편을 막을 수 있다.

지출정산이 시작되는 매월 1일이 되면 '수입' 항목에 한 달 생활비인 60만 원을 입력해두고, 생활비를 사용할 때마다 기록한다. 이렇게 하면 지출이 발생할 때마다 잔액이 얼마나 남았는지를 확인할 수 있다.

이제 한 달 동안 미션을 클리어하는 기분으로 생활비 예산 60만 원을 넘기지 않기 위해 노력한다. 익숙해져서 크게 어렵지는 않지만 가끔은 예산을 약간 초과할 만한 상황이 발생하기도 한다. 이럴 때 해결책을 찾기 위해 고민하는 과정은 약간 게임을 하는 느낌을 주기도 해서 재미있다. 예를 들어 월말이 되어 생활비가 얼마 안 남았는데 세제를 사야 하는 경우라면, 남은 양으로 이번 달까지 쓸 수 있는지를 살펴보고 다음 달로 구매를 미뤄도 될지를 결정하는 식이다.

중요한 것은 <u>미리 정해놓은 생활비 예산을 넘지 않기 위해 수시로 확인하는 것이다.</u> 내가 어디에 돈을 썼는지 자주 확인만 해도 소비를 줄이는 데에 효과가 있다. 실제로 부릿지 회원들 중에서도 지출이 대폭 줄어드는 경험을 하신 분이 많으니, 여러분도 한번 해보시길 바란다.

큼직한 항목으로 기록하는 '전체 가계부'

가계부를 하나만 쓰기도 벅찰지 모르는데 최소한 두 개를 쓰라고 하는 이유는 생활비 가계부와 전체 가계부의 활용 방법이 다르기 때문이다. 전체 가계부는 매일 사용하는 생활비 가계부의 내용 외에도 고정적으로 나가는 비용과 수입이 모두 포함된다.

전체 가계부는 엑셀 파일로 만들어도 좋고, 손으로 직접 쓰는 것도 좋다. 그래도 나는 수기 가계부를 좀 더 추천하는데, 그 이유는 계산기를 두드리고 직접 손으로 써보면서 세부적인 항목을 한 번 더 점검하게 되는 효과가 있기 때문이다. 엑셀 파일은 서식을 넣으면 자동으로 계산이 되니 편리하긴 하지만, 고민하는 시간이 줄어든다는 점이 아쉽다.

생활비 가계부가 있기 때문에 전체 가계부는 날마다 정리할 필요가 없다. 내 경우는 일주일에 한두 번 정도 정리하는데 공과금이나 보험료 등 매달 자동이체로 빠져나가는 금액들을 적고, 생활비 가계부에 기록한 내용은 덩어리로 묶어서 기록한다. 예를 들어 마트에서 쌀과 과일을 사는 데에 각각 1만 원과 5,000원을 썼다면 생활비 가계부에

》》전체 가계부 앱 예시 (편한가계부)

5일(월)		6일(화)		7일(수)		8일(목)	
정인이랑 커피. (스벅 기프트카드 사용)		이니스프리 앱에서 포인트로 오일 1+1 구매. (휴대폰소액결제)		무지출!		롯데리아는 홧김으로 먹었어야지.ㅠㅠ	
*불필요창욕 누적: 1,090원		*불필요창욕 누적: 5,590원				*불필요창욕 누적: 13,390원	
지출내용	금 액	지출내용	금 액	지출내용	금 액	지출내용	금 액
마기연봉	3,900	콜렌싱오일x2	16,000			청난감	3,000
식요품	7,670	붕어빵	1,000			롯데리아	7,800
요미 배+사과	1,490	스벅커피	4,100				
		화장지 등	4,700				
지출합계	13,060	지출합계	26,000	지출합계	0	지출합계	10,800
오늘잔액	61,360	오늘잔액	39,360	오늘잔액	39,360	오늘잔액	24,960

이달의 예산 ☆ 아빠급 예산 ☆

```
수당 390,000 - 1일             390,000
         8일   부모님 용돈 100,000   290,000
수당 620,000 - 10일             910,000
        17일   대출이자 130,000   780,000
        19일   축의금 100,000   680,000
        19일   관리비 110,000   490,000
              용돈  50,000    440,000
임금 1,389,720 - 20일           1,829,720
        20일   생활비 300,000   1,529,720
              용돈  150,000   1,379,720
        28일   보험료 246,000   1,133,720
        30일   학자금 180,000   953,720
        31일   연금 200,000    753,720
              청약 100,000    653,720
              용돈  50,000    593,720
```

	Wed | 수	Thu | 목	Fri | 금	Sat | 토
	1 야근수당 35만	2	3	4
	8 부모님용돈 10만	9	10	11
12	13 초과수당 62만	14 신한카드 208,692	15 외환카드 330,841	16 연금등록하기. 중도금 송금!	17 신용(전세) 대출이자 나가는 날	18
19 관리비 11만 중경이 축의금 10만	20 생활비 30만 용돈 20만 +앨피	21	22 롯데대출 35만대원 상환할 것!	23	24	25
26	27	28 보험료 210,000 35,980	29	30 학자금 178,564	31 연금저축 20만 주택청약 10만 용돈 5만	

는 '쌀 1만 원, 과일 5,000원'이라고 기록될 것이다. 하지만 이것을 전체 가계부로 옮길 때는 그냥 간단하게 '식료품 1만5,000원'이라고 적으면 된다. 장보기에 쓴 돈은 구매 항목이 많아서 생활비 가계부에도 적고 전체 가계부에도 적기가 오히려 번거롭다.

가끔은 생활비 가계부에도 간단하게 '식료품 1만5,000원'이라고 적을 때도 있다. 무엇을 얼마에 샀는지 기록해둘 필요가 있을 때는 자세히 적지만 그렇지 않을 때는 그냥 묶어서 기록하는 게 편하다. 우리는 오이나 당근의 가격을 구체적으로 기록해서 물가변동을 체크하려는 게 아니기 때문이다.

중요한 것은 이번 달 전체 가계부를 쓰기 전에 먼저 이번 달의 자금흐름을 적어보라는 것이다. 즉, 이번 달 수입이 얼마인지, 여기에서 나가게 될 고정비는 얼마인지, 이번달에 나가야 할 경조사비는 없는지, 그래서 남게 될 금액은 얼마 정도일지를 먼저 적어보라는 것이다.

이 작업을 하느냐 안 하느냐의 차이는 꽤 크다. 고정비와 예상 지출이 모두 나간 후의 예상 잔액을 알면 그에 맞게 이번 달 지출을 조절해야겠다는 생각을 하게 된다. 특히 명절이나 휴가철이 낀 달, 경조사가 예정된 달, 한여름이나 한겨울 등 에너지 사용이 많은 달 등에는 이렇게 미리 계산해보지 않으면 예산을 초과하게 되는 경우가 많다.

특히 중요하게 적어야 할 것이 카드 대금이다. 할인이나 마일리지 등의 혜택을 꼼꼼히 챙기기 위해 카드를 사용하는 경우가 많은데, 카드는 그때그때 돈이 나가는 게 아니라 결제일에 한꺼번에 나간다. 그래서 결제일까지 통장에 돈이 남아있게 되는데, 이러면 왠지 이번 달 자금에 여유가 있는 것 같은 착각을 하게 된다. 그러다가 막상 카드 대금 결제일이 되면 통장 잔고가 한 번에 사라지거나 오히려 부족해질 수도 있는 것이다.

이런 불상사를 막기 위해서는 이번 달 전체 가계부를 쓰기 시작할 때 이달의 현금흐름 중 카드 대금을 반드시 반영해야 한다. 앞서 정산기준날짜가 말일이 되도록 카드 대금 결제일을 조정하라고 했는데, 그렇게 해두면 지난 달 가계부 내역과 이번 달 결제될 대금이 일치하기 때문에 편리하다.

자신의 성장을 기록하는 '재테크 가계부'

재테크를 본격적으로 시작하기 위해서는 재테크 가계부가 별도로 필요하다. 나의 경우는 부동산 투자와 주식 투자 내용을 주로 기록하는데, 한 번에 큰 금액이 오갈 뿐 아니라 들어왔다가 금방 다른 곳으로 옮겨지는 경우가 많아서 전체 가계부와 함께 정리하기가 곤란하기 때문이다.

그리고 재테크 가계부를 기록하다 보면 자연스럽게 생활비와 투자금이 분리되는 효과도 있다. 생활비는 예산 안에서 짜임새 있게 지출하고, 투자는 투자금 안에서 안정적으로 할 수 있게 관리하는 것이다.

예를 들어 부동산을 매입하게 되면 해당 물건에 대한 것을 구체적으로 기록해둔다. 매수가격, 취등록세, 중개수수료, 수리 비용 등 취득 당시 들어간 비용을 적고 전·월세를 놓았다면 보증금도 적는다. 이렇게 하면 매수에 들어간 금액에서 전세금 등의 레버리지를 뺀 총 투자금을 알 수 있다. 대출을 받아서 이자를 내야 한다면 그 이자비용은 기타비용 항목에 따로 기록해둔다.

이 아파트를 매도하게 되면 이번에는 매도가격과 매도 중개수수료, 양도소득세 등도 기록한다. 이렇게 하면 시

〉〉 재테크 가계부 예시(부동산 투자물건)

A	B	C	D	E	F	G	H
	K아파트	매수일: 2017.00.00		매도일: 2019.00.00	(2년 보유)		
	매수가	88,000,000	매도가	106,000,000		양도차익	15,900,000
	중개수수료	440,000	중개수수료	530,000		과세표준	13,400,000
	취등록세	968,000				양도소득세율	15%
	법무사보수료	165,000				누진공제액	1,080,000
	수리비	2,000,000				양도소득세율	930,000
	매수비용 합계	91,573,000				지방소득세	93,000
	전세보증금	80,000,000				총 납부세액	1,023,000
	총투자금	11,573,000					
						투자수익	12,877,000
						투자수익률(%)	111
						총회수금	24,450,000

〉〉 재테크 가계부 예시(전체 자산)

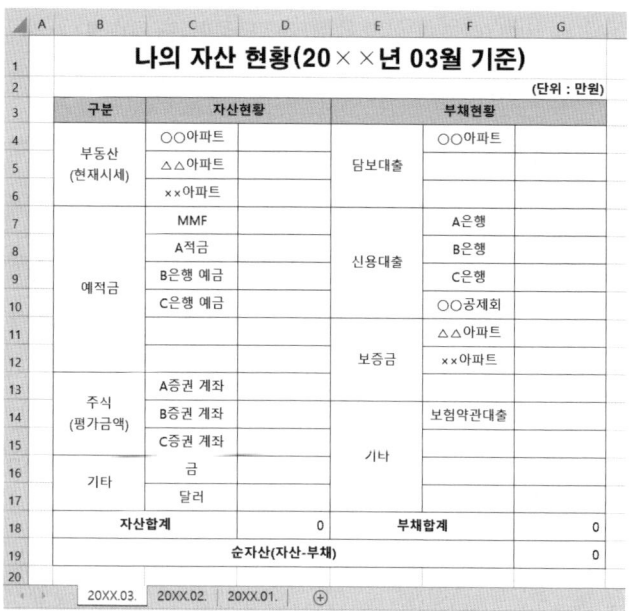

세차익이 얼마인지, 순수익이 얼마인지를 한 눈에 계산할 수 있다. 매월 지출했던 이자비용의 총 합계도 수익에서 뺀다. 이런 식으로 계산한 결과가 바로 순자산이다.

재테크 가계부는 엑셀 파일을 활용한다. 투자금은 대체로 금액이 크고, 세율과 이자율은 소수점으로 계산해야 하기 때문에 자동으로 계산이 되는 엑셀이 관리하기에 편하다. 수식을 잘 입력한 틀을 하나만 만들어두면 투자를 할 때마다 복사해서 사용할 수 있다.

반드시 피드백을 하자

가계부를 기록하는 이유는 어떤 식으로 절약할 수 있을지 앞으로의 방향을 모색하기 위해서다. 따라서 검토하고 피드백하는 과정이 반드시 필요하다.

내가 어떤 항목에 얼마나 썼는지를 돌아보면서 안 써도 되는 돈을 쓰지는 않았는지, 앞으로는 어떻게 할 것인지를 자연스럽게 생각하는 것이다. 이렇게 낭비 항목을 줄이는 것만으로도 저축액을 높일 수 있고, 당연히 종잣돈 모으기도 빨라질 것이다.

종잣돈이 얼마나 모였는지를 숫자로 확인하는 재미도

쏠쏠하다. 지난 달보다 이번 달에 더 많이 모았다는 걸 눈으로 확인하다 보면 다음 달에는 더 열심히 해야겠다는 결심을 하게 되는 것이다.

가계부 쓰기를 함께 실천하고 있는 부릿지 멤버들은 늘 입에 달고 살던 "쓰는 데도 없는데 이상하게 돈이 없어"라는 말이 줄어들었다고 말한다. 내가 돈을 어디에 쓰는지 알게 되면 모을 돈이 생기게 된다. 그것이 종잣돈이 되어 더 큰 수익으로 돌아오는 경험을 하면서 절약에 재미를 느끼게 되는 것이다.

자동으로 절약이 되는 고정비 줄이기의 기술

고정비는 숨만 쉬어도 나가는 돈이다. 주로 주거비, 공과금, 인터넷 등 통신비, 보험료, 대출원리금 등이 여기에 해당된다.

이미 나갈 곳이 정해져 있는 돈이기 때문에 보통 여기서 줄이기는 어려울 거라고 생각하지만, 실제로는 고정비를 줄이는 것이 절약의 핵심이다. 처음에 세팅만 잘 해두면 날마다 스트레스를 받지 않아도 자동으로 지출이 줄어들기 때문이다.

과거의 고정비 내용을 모두 뽑아서 고민하다 보면 줄일

수 있는 구석이 분명 보일 것이다. 다음 내용은 내 경험에 비추었을 때 줄이기 좋은 대표적인 고정비 항목들인데, 이 외에도 다양한 부분에서 절약 방법을 고민해보자.

통신비

통신비는 재조정하기가 비교적 수월한 항목이다. 통신비 항목 중에는 순수하게 요금으로 나가는 금액 외에 구독료나 월정액 서비스가 포함되어 있는 경우가 많다. 최근 몇 달 치의 사용 내역을 뽑아서 내가 그 서비스를 얼마나 이용하는지 살펴보길 바란다. 별로 이용하지 않는데 이러한 서비스에 가입되어 있다면 어서 해지하도록 하자.

요즘은 스마트폰으로 다양한 서비스를 이용하는 경우가 많다 보니 모바일 데이터 무제한요금제를 쓰는 사람들이 많아졌다. 그런데 지인들의 가계부를 점검해주다 보니, 생각보다 모바일 데이터를 많이 사용하지 않는데도 무제한 요금제를 쓰는 사람들이 꽤 있었다. 주로 사용하는 곳은 집, 사무실, 지하철, 카페 등인데 그중에는 무료 와이파이를 제공하는 곳이 많기 때문이다.

과거 몇 달 치의 사용 내역을 뽑아보고 자신의 평균 데이터 사용량을 파악해보자. 그리고 그에 맞는 요금제로 변경하면 자동으로 돈이 절약된다.

알뜰폰을 사용하는 것도 방법이다. 메이저 통신사에 비해 알뜰폰 업체의 요금제가 싸기 때문이다. 지인 중 한 명은 스마트폰 공기계를 따로 사서 알뜰폰 유심을 끼워 쓰는데 이러면 요금에 기계 할부금이 포함되지 않기 때문에 한 달 요금이 2만 원 정도라고 한다. 기계 구입 비용이 따로 들긴 하지만 전체 금액은 더 저렴해진다.

인터넷을 신청하면 보통 케이블TV도 함께 신청이 되는데, 요즘은 가정에서 TV를 없애는 추세다 보니 인터넷만 신청을 하기도 한다. 인터넷과 TV를 한 번에 신청하는 것에 비해 할인폭은 적지만 그래도 불필요한 서비스를 사용하지 않는다는 점에서는 추천할 만하다.

우리 집의 TV와 인터넷 요금은 무선인터넷을 포함하여 원래 3만3,200원이지만 가족결합할인을 통해 세 명의 가족을 묶어서 매월 2만 원씩 할인받아 1만3,200원을 내고 있다. 여기에 휴대폰 결합 혜택으로 휴대폰 요금 2,000원을 추가할인하면 실질적으로 1만1,200원에 이용하고 있는 셈이다.

보험료

생각보다 과다하게 지출되고 있는 항목 중에는 보험이 있다. 상품마다 보장내용도 너무 다양하고 복잡하다 보니 여러 상품에 가입하는 경우가 많은데, 전체적으로 재정비해서 중복되거나 불필요한 것들은 해지하는 게 좋다.

결혼 후 남편과 나의 보험을 전반적으로 손보기 위해 살펴보다가 남편 앞으로 CI보험이 가입되어 있는 것을 발견했다. CI보험(Critical Illness Insurance)은 갑작스런 사고나 질병으로 인해 중병 상태가 계속될 때 보험금의 일부를 미리 받을 수 있는 보험이다. 암, 뇌졸중, 심근경색 등 치명적 질병이 발생했거나 갑작스런 사고를 당했을 때 해당한다.

문제는 실제로 이런 중대한 상황이 발생하는 경우가 무척 드문데다가 '중대한 질병'이라는 전제조건 때문에 지급받기가 까다롭다는 점이다. 그런데도 납부해야 하는 보험료는 상당히 비싼 편이다. 이 보험을 해지하면 기존에 납부한 보험료는 돌려받지 못하기 때문에 손해를 보는 것이지만, 앞으로 유지하면서 추가로 납부할 금액을 생각하면 해지하는 게 낫다고 판단했다.

보험을 재정비하는 것만으로도 한 달에 수십만 원씩 절

약되는 경우가 많다. 나는 실비보험을 기본으로 해서 개인적인 가족력 등을 고려해 암이나 뇌혈관질환 특약을 추가하는 것을 선호한다.

생명보험 등의 종신보험은 안 좋은 일이 발생했을 때를 대비한다는 보험 본연의 기능보다 나중을 위한 적금의 기능이 강하다. 보험료가 높은 편이라 많이 가입하면 부담이 크다. 그러나 가장에게 불상사가 생겼을 때를 대비하고, 상속세를 해결할 때 용이하므로 전략적으로 활용하는 게 좋다.

보험은 굳이 필요하지 않다는 분들도 있지만 나는 그렇게 생각하지는 않는다. 정말 요긴하게 쓰이는 보험도 있기 때문이다. 내가 결혼 전 회사를 그만두고 이직을 준비하던 시절, 엄마가 갑자기 수술을 받고 병원 치료를 하시게 됐을 때 실비보험이 없었다면 어땠을까? 넉넉지 않은 형편에 병원비 부담까지 더해졌다면 더욱 견디기 힘든 시간이 되었을 거라고 생각한다.

게다가 예선에 출시된 보험 중에는 무턱대고 해지하는 것이 오히려 손해인 경우도 많다. 같은 종류의 보험이라도 나중에 만들어진 상품은 과거의 상품에 비해 보장되는

범위가 좁은 경우가 많은데, 보험사도 이윤을 추구하는 기업이다 보니 보장 범위를 조금씩 줄여가면서 이익률을 높이려 하기 때문이다. 남편의 경우에도 치아의 손상을 보장해주는 보험이 있다. 한마디로 임플란트를 지원해주는 보험인데, 지금은 그런 보험이 없다고 해서 해지하지 않고 있다.

내 경우는 실비보험의 자기부담금 공제액이 병원비와 약제비를 포함하여 5,000원이다. 즉 5,000원만 내 돈을 내면 나머지는 실비보험에서 처리해준다는 것이다. 반면 요즘 나오는 실비보험은 의원, 종합병원, 대학병원 여부에 따라 공제액이 다르고 약제비 공제액은 따로 있다. 그래서 감기나 소화불량 등 비교적 가벼운 증상으로 인한 소액 진료비는 보장받기 어려운 경우가 많다.

요즘은 자꾸 보험사로부터 "요즘 나오는 '착한 실비보험'으로 전환해 드리고자 한다"는 연락이 자주 오는데, 지금 가입한 실비보험은 나중에 갱신보험료가 높아져서 부담이 클 거라며 변경을 권유한다. 하지만 요즘 나오는 실비보험도 갱신될 때 부담액이 커지는 것은 마찬가지라는 걸 알고 있기에 굳이 변경하지 않고 있다.

보험사나 은행의 제안을 무조건 믿는 것은 별로 현명하지 못하다고 생각한다. 보험사에서 굳이 먼저 전화를 해서 내 부담을 덜어주겠다는 데에는 분명 이유가 있을 테니 말이다.

대출이자

대출이자의 경우는 필요성에 따라 구분해야 한다. 나는 앞에서 '빨리 갚아야 할 대출'과 '갚지 않고 유지할 대출'을 구분한다고 했는데, 자산 증식에 도움을 주는 대출은 나중에 벌어들일 수익으로 이자를 상쇄할 수 있으니 유지하면서 레버리지로 활용하는 편이다.

그렇더라도 요즘처럼 금리가 낮은 시기에는 이자율이 더 저렴한 대출상품이 등장하는 경우가 있다. 이럴 때에는 해당 상품으로 갈아타는 대환대출을 고려하는 것이 좋다. 어차피 낼 이자지만 조금이라도 적게 낸다면 좋으니 말이다.

단, 이때는 중도상환수수료를 고려해야 한다. 중도상환수수료는 원래 상환일보다 대출 원금을 빨리 갚았을 경우 은행에 지불하는 수수료인데 대출상품마다 조건이 다르다. 이자율이 낮은 상품으로 갈아타고 싶지만 중도상환수수료가 많이 나가게 될 상황이라면 어느 쪽이 더 이득일지 잘 따져보는 게 좋다.

차량유지비

차량유지비에 고정비만 포함되어 있는 것은 아니다. 할부금, 보험료, 자동차세 등은 고정비지만 주유비, 세차비, 수리비 등은 쓰는 것에 따라 다르게 나온다. 그렇지만 주기적으로 돈이 들어간다는 점은 같다.

우리는 얼마 전 아이가 유치원에 들어가면서 차를 샀지만, 그전까지 사람들은 아이를 키우면서 차가 없다는 사실에 놀라곤 했다. 사실 우리도 예전에는 아이가 생기면 차를 사자고 계획을 세운 적이 있다. 그런데 막상 아이가 생겼는데 생각보다 차를 쓸 일이 별로 없었다. 남편은 지하철로 출퇴근을 하고, 외근이 잦은 업종도 아니다.

나 역시 집에서부터 도서관, 공원, 마트, 관공서가 가까이에 있고 어린이집도 유모차를 끌고 충분히 다닐 만한 거리에 있다 보니 차 쓸 일이 별로 없었다. 게다가 나는 대형마트도 잘 이용하지 않는다. 대량으로 구매하면 버리는 음식이 많기 때문에 차라리 집 앞 슈퍼에서 그때그때 장을 보는 걸 더 좋아한다. 사야 할 물건이 많은 날에는 배달을 시킬 수도 있다. 그래서 우리는 차를 사는 것보다 그 돈을 아껴서 종잣돈에 보내는 게 낫겠다고 생각한 것이다.

물론 가끔 차가 있으면 좋겠다고 생각할 때도 있었다. 한 번은 일요일 저녁부터 아이가 아프기 시작해서 월요일에 어린이집 대신 병원에 데려간 적이 있었다. 그런데 하필 그날 장대비가 엄청나게 내렸다. 그 비를 보면서 '이럴 때 차가 필요한 건가'라고 생각하긴 했지만, 생각해보면 택시를 부르는 것과 크게 차이가 없기 때문에 크게 불편하지는 않았다.

재미있는 것은 급한 일이 있을 때마다 택시를 타는 것이 오히려 차량 유지비보다 더 적게 든다는 사실이다. 택시를 한 번 탈 때마다 3만 원씩 쓴다 치고, 일주일에 택시를 두 번 타면 한 달에 24만 원이다. 물론 일주일에 두 번이나 택시를 타는 일도, 한 번에 3만 원씩이나 내는 일도 내 기준에서는 흔한 경우가 아니므로 실제로는 그보다 더 적게 들 것이다.

반면에 많은 사람들이 일반적으로 타고 다니는 국산 중

형차 가격을 대략 3,500만 원 정도라고 하면, 금리 3.0%에 60개월 할부로 계산해도 대략 한 달에 60만 원 가까운 돈을 내야 한다. 여기에 보험료, 수리비, 기름값, 주차비, 세금 등은 별개다.

우리가 신혼 시절에 종잣돈을 빠르게 모을 수 있었던 것에는 자동차를 사지 않은 것도 꽤 크게 작용했다고 생각한다. 할부금, 보험료, 유류비, 수리비, 소모품비 등을 생각하면 아마 종잣돈이 절반으로 줄어들었을 것이다. 그랬다면 투자금도 없었을 것이고, 지금처럼 자산이 늘어나지도 않았을 것이다.

물론 출퇴근이나 영업에 꼭 필요한 사람들, 대중교통이 불편한 지역에 사는 사람들에게 자동차는 생필품일 수 있다. 하지만 많은 경우 한국 사회에서 자동차는 일종의 과시용 수단으로 사용되는 것 같기도 하다. 자동차가 없거나 경차를 타는 사람을 은연중에 낮춰보는 경향도 강하다.

멀쩡한 차를 새것으로 바꾸면서도 "차는 실제로 사용하는 물건이니까 괜찮아"라고 말하는 사람들이 있다. 하지만 자동차는 사는 순간부터 감가상각이 되기 때문에 자산 가치가 점점 줄어든다는 점을 생각했으면 좋겠다. 가치가 줄어들 물건을 고가로 사서, 그걸 유지하느라 더 많은 돈을 쓰고, 할부이자까지 내야 한다는 것은 내 입장에서는 잘 이해가 되지 않는 소비 방식이다. 특히 자산의 여유가 없는 상태인데 무리해서 사는 경우라면 더욱 그렇다.

사람마다 다르겠지만 나는 자동차란 어디까지나 실용적인 재산이어야 한다고 생각한다. 비싼 돈을 들여 사더라도 그만큼 쓸 일이 많을 때, 어느 정도 자산의 여유가 생겼을 때 사는 것이 좋다고 말이다.

습관이 중요한
생활비 줄이기의
기술

 한 번 세팅해두면 알아서 나가는 고정비와 달리 일상적으로 소비해야 하는 항목들이 있다. 식비, 의류비, 병원비, 그 밖의 자질구레한 지출들…. 이른바 '생활비'에 들어가는 것들이다. 이런 항목은 상황에 따라 내가 직접 지출하는 비용이기 때문에 줄이기 위해서는 어느 정도 노력과 의지가 필요하다.

 절약을 가장 편리하게 하는 방법은 고정비를 아껴서 시스템화하는 것이지만, 평소의 소비 습관을 무시할 수는 없다. 아무리 시스템을 잘 만들어놓았어도 굳이 안 사도 되는 물건을 생각 없이 사다 보면 나도 모르게 돈이 줄줄 새기 때문이다.

내가 생각하는 생활비 절약의 핵심은 '습관 들이기'와 '스트레스받지 않기'이다. 돈이 덜 들어가는 쪽으로 생활 습관을 바꾸다 보면 어느 순간 익숙해지면서 생활비 지출이 줄어들게 되고, 그 과정에서 스트레스를 받지 않아야 꾸준히 지속할 수 있기 때문이다.

우리 집의 경우 신혼 시절 2인 가족일 때는 한 달 생활비를 30만 원에서 40만 원 사이로 묶을 수 있었다. 아이가 태어나면서부터는 70만 원으로, 이유식을 시작하면서는 80만 원으로 늘어났다가 아이가 어느 정도 큰 지금은 다시 조금씩 줄이면서 60만 원으로 안착시켰다. 어떤 달은 남기도 하고, 어떤 날은 조금 부족하기도 하지만 평균적인 금액을 유지하는 것으로 만족하고 있다.

한 번 늘어난 생활비를 줄이는 것은 나에게도 쉬운 일이 아니었다. 하지만 항상 허투루 나가는 돈이 없는지를 점검하고, 다음 달 씀씀이에 반영하려는 노력을 하다 보면 생각보다 어렵지 않게 생활비를 줄일 수 있다.

대용량 제품을 멀리하자

나는 장을 볼 때 대형마트보다는 집 앞 슈퍼마켓이나 전통시장을 더 좋아한다. 대형마트는 편리하긴 하지만 대부분 대용량으로 팔기 때문에 항상 필요 이상으로 많이 사게 되기 때문이다.

대용량 제품은 상대적으로 가격이 저렴해 보이기 때문에, 어차피 조금 지나면 살 거 이참에 미리 사자는 생각이 든다. 하지만 막상 그렇게 산 식재료들이 냉장고에서 상해서 버려지거나, 집안 곳곳에 물건이 쌓여 있다가 언제 샀는지도 모르게 잊혀져 버리곤 한다. 결국 사는 데 돈 들고, 종량제봉투에 넣어 버리느라 돈 들고…. 마트의 재고 처리를 내 돈 주고 대신 해준 꼴밖에 되지 않는다는 생각이 들었다.

사실 나 역시 이런 습관을 고치는 것은 힘이 들었다. 식품은 대량 구매가 좋지 않다는 걸 빨리 깨달았지만, 세제처럼 쟁여두고 써도 되는 공산품은 아무래도 대량 구매를 끊기가 힘들었다. 그러다 보니 베란다에는 대량 구매한 물품들이 항상 쌓여 있어서 스트레스가 심했다.

재미있는 것은 집에 물건이 많으니 왠지 인심도 후해진

다는 것이다. 18평짜리 아파트에 세 가족과 반려견까지 살고 있는데 물건까지 쌓여 있으니 답답하다는 생각에, 누가 먼저 달라고 하지 않아도 "혹시 ○○○ 안 필요해?"라며 물어보고 나눠주기까지 했다. 기분이야 좋지만, 대량 구매로 싸게 사서 무겁게 나르기까지 한 의미가 있긴 한가 싶어 헛웃음이 나올 때가 많았다.

오랜 노력 끝에 이제는 개당 가격이 조금 비싸더라도 필요한 만큼만 구매하고, 다 쓰면 그때그때 구매하고 있다. 그러다 보니 의외의 효과도 있었다. 생활비가 한 번에 많이 지출되지 않기 때문에 매월 관리가 더 수월했던 것이다. 장기적으로 보면 이런 소비 방식이 절약에는 더 도움이 되었다.

마찬가지 이유로 대형마트에서 제공하는 배송 서비스도 잘 이용하지 않고 있다. 얼마 이상을 사야 배송료가 무료라는 생각에 역시나 필요 이상으로 사게 되는 경향이 있기 때문이다.

조금 귀찮더라도 운동 삼아 집 앞 슈퍼에 다녀오는 것이 몸도 지갑도 건강해지는 길이다.

물건 사기 전에 3개의 질문부터

필요할 것 같아서, 있으면 잘 쓰게 될 것 같아서 사 놓았지만 구석에 방치된 물건이 한두 개쯤은 있을 것이다. 옷걸이로 변해버린 러닝머신이나, 아이들 간식을 만들어주겠다고 산 식품건조기 같은 것들 말이다.

내 경우에는 토스트기에 꽂혔던 적이 있다. 가끔 아이에게 식빵을 바삭하게 구워서 간식으로 주곤 하는데 토스트기가 있으면 좋을 것 같았다. 하지만 지금은 사지 않기를 잘했다고 생각한다. 생각보다 자주 쓰지 않는다는 사실을 깨달았기 때문이다. 가끔 아이가 먹고 싶다고 하면 프라이팬을 기름 없이 달궈서 구워주어도 충분하다.

절약도 절약이지만, 나는 미니멀리즘에 관심이 많다 보니 집안에 물건이 많이 있는 것을 좋아하지 않는다. 그래서 어떤 물건을 사야겠다는 생각이 들면 바로 결제를 하기보다는 일단 장바구니에 담아놓는다. 그리고 결제하기 전에 한 번 더 생각해보는 것이다.

"지금까지 이 물건이 없어서 크게 불편한 적이 있었나?"
"이 물건을 산 후 일주일에 몇 번을 쓰게 될까?"
"지금 가지고 있는 물건 중에서 대체 가능한 것들은 없는가?"

이 세 가지 질문을 모두 통과한 물건만 최종적으로 결제하고, 그렇지 않으면 사지 않는다. 세 가지 질문에 대해 곰곰이 생각해봤는데도 결국 사야겠다는 결론이 내려지면 그때는 사는 수밖에 없다. 그리고 열심히 사용하면 된다. 아마 이 정도로 고민해서 산 물건이라면 방구석에 묵혀둘 일은 거의 없을 것이다.

설령 또다시 방구석에 묵혀두게 되더라도 다음 소비 때에는 좀 더 조심하게 될 것이다. '정말 필요한 줄 알았던 물건도 아니었구나'라는 생각을 하며 조금씩 소비 습관을 고쳐나가면 되는 것이다.

할인받아 사는 것이 절약이 아닌 이유

어떤 물건을 사려고 하면 참 여러 가지 이유가 생긴다. 할인하니까, 하나 더 주니까, 쿠폰이 있으니까, 적립금 소멸되기 전에 써야 하니까, 배송료 무료 금액을 채워야 하니까…. 어차피 나중에 쓰게 될 텐데 지금 사놓으면 이익이라고 생각하게 되는 것이다.

그러나 오랫동안 절약을 실천하면서 깨달은 것은 할인

받아서 사는 것은 절대 아끼는 게 아니라는 점이다. 1만 원짜리를 6,000원에 판다고 덥석 사버리면 4,000원을 아낀 것처럼 느껴지지만, 사실은 6,000원을 낭비한 것이다. 원래 사려던 것을 할인받았다면 정말 좋은 일이지만 살 계획에 없었던 물건을 할인받아 사는 것은 오히려 낭비를 한 셈이 된다.

단열이 곧 전기 절약이다

우리 집 전기요금은 월 1만 원 정도다. 작년 기준 가장 적게 나온 것은 3월로 9,380원이었고 가장 많이 나온 달은 하루 종일 에어컨을 돌렸던 8월로 2만3,120원이었다. 3인 가족치고는 적게 나오는 편이라 다들 방법이 뭐냐고 묻는데, 대부분은 널리 알려진 방법을 습관적으로 실천하고 있을 뿐이다.

일단 단열에 신경을 많이 쓴다. 거실에는 3중 암막 커튼을 달았다. 원래는 겨울에 냉기를 막기 위한 것이지만 여름에도 한낮의 뜨거운 햇볕을 차단하는 데에 효과를 보고 있다. 암막 커튼을 설치하기 전에는 아기가 태열로 고생하지 않도록 여름에 하루 종일 에어컨을 틀었더니 첫해

여름에는 할인을 받아도 월 5만 원대의 전기요금이 나왔다. 그렇다고 아기가 더워하는데 에어컨을 안 틀 수는 없으니 겨울에 사용하던 암막 커튼을 여름에도 사용해 본 것이다. 하루 종일 창문을 가리지는 않고 한낮에만 사용하고 있는데 그것만으로도 여름철 전기요금이 절반으로 줄었다.

집안 전등은 이사를 들어올 때 모두 LED등으로 바꿨다. 초기비용은 조금 더 들지만 전기요금이 덜 나오고 형광등을 교체할 필요가 없는데다가 훨씬 밝기 때문에 만족도가 높다. 나는 어두운 것을 싫어하기 때문에 주로 생활하는 거실은 거의 하루 종일 불을 켜놓지만, 다른 방의 등은 필요할 때만 잠깐 켰다가 끈다.

전기밥솥은 그야말로 전기 먹는 하마다. 평소에 보온 기능까지 쓴다면 전기요금이 상당히 많이 나온다. 밥솥으로 아이 이유식을 만들던 때에는 전기요금이 역대 최고를 찍었다. 요즘은 밥을 매일 하지 않고 한꺼번에 여러 끼를 지어서 소분하여 냉동한다. 사실은 매번 쌀 씻고 밥하기가 귀찮아서 쓰는 방법인데 끼니 때마다 전자레인지에 돌려 먹으면 편리할 뿐 아니라 밥맛도 괜찮다.

냉장고는 24시간 작동하기 때문에 절약하는 방법이 많지는 않지만 가장 중요한 것은 역시 정리다. 냉장고 공간에 여유가 있으면 온도가 빨리 내려가기 때문에 전기사용량이 줄어들고, 필요한 음식물을 찾는 시간도 빨라져서 문을 오래 열어둘 필요가 없다. 전기효율을 높이려면 냉장실은 공간이 빌수록, 냉동실은 반대로 꽉 차 있을수록 좋다고 한다. 우리는 필요한 식재료를 조금씩 사다 먹다 보니 아무래도 냉장고가 꽉 차는 경우가 별로 없다. 그래서 냉동실에는 아이스팩을 얼려 두는데 은근히 여기저기 쓸모가 많다. 가끔 냉동실 공간이 더 필요할 때는 아이스팩을 냉장실로 옮겨둔다. 이렇게 하면 냉장실 온도가 자연스럽게 내려가는 효과가 있다.

평소에 이용하지 않는 가전제품의 플러그는 뽑아두라는 이야기를 많이 들어보았을 것이다. 하지만 매번 플러그를 꽂았다 뽑기가 여간 귀찮은 게 아니라서 나는 스위치가 달린 멀티탭을 활용한다. 필요한 것만 그때그때 켜서 사용하면 훨씬 편하다.

그밖에도 전기요금 청구서를 종이가 아닌 모바일로 전환하면 200원씩 자동 할인이 되고, 자동이체를 걸어두면 추가로 1% 할인이 된다. TV가 없는 집에서는 TV수신료를 빼달라고 한국전력에 요청하는 것도 좋고, TV가 있는 집은 선납제도를 이용할 수도 있다. 6개월치를 선납하면 1개월치 중 50%를 할인해준다. 출산 가구 등 사회적 배려 계층을 위한 할인제도도 다양하므로 한 번 찾아보고 신청하자. 귀찮아도 한 번만 세팅해두면 그 다음달부터는 신경 쓰지 않아도 한 달에 몇천 원씩 자동으로 아낄 수 있다.

내 소비패턴에 맞는 방법을 찾자

조금만 신경 쓰면 이렇게 생활비를 60만 원 이하로 묶는 것이 가능하다. 하지만 한 달에 몇만 원 아끼는 것보다 하나하나 신경 쓰는 게 오히려 스트레스라고 생각하는 분들에게는 억지로 권하고 싶지 않다. 절약은 본인에게 맞는 방법을 찾아서 지치지 말고 꾸준히 하는 것이 최고다.

우선 본인의 소비패턴을 파악하고 개선점을 찾는 것이 중요하다. 처음에는 과거 3개월치의 신용카드 사용 내역을 보며 어디에 돈을 썼는지 확인해보자. 그 과정에서 자연스럽게 '내가 이렇게 많은 돈을 쓰고 다녔구나'라는 충격을 받게 되겠지만, 돈을 모으려면 이런 과정이 꼭 필요하다고 생각한다.

이제 내가 써왔던 생활비의 평균값을 구해볼 차례다. 이것을 기준으로 앞으로의 예산을 짜면 된다.

처음부터 너무 무리해서 생활비를 줄이겠다는 목표를 세우는 것보다는 조금씩 줄여가는 것이 더 좋다. 한 달 한 달 사용 내역을 돌아보면서 굳이 안 써도 되었을 만한 지출과 꼭 써야 했던 지출을 파악하고, 안 써도 되었을 지출은 하나씩 줄여가는 것이다.

처음에는 힘들 것이다. 소비도 습관이기 때문에 몸에 익숙해지기 전까지는 계속 신경을 쓰지 않으면 안 된다. 하지만 어느 순간 가계부를 들여다보면 꼭 필요한 지출만 했다는 것을 깨닫는 날이 올 것이고, 종잣돈은 생각보다 많이 불어나 있으며, 가계부 쓰기가 더 이상 힘들지 않다는 것을 느끼는 날이 올 것이다. 그때가 되면 통장에 돈이 쌓이는 것을 보는 즐거움과 함께 '절약 습관 + 현명한 소비 습관'의 엄청난 시너지를 깨닫게 될 것이다.

'목적별 통장'으로 쓸 돈을 미리 확보하자

 한때 자동으로 돈이 모이게 해준다는 '4개의 통장' 전략이나 '적금 풍차 돌리기' 전략이 유행했다. 수입이 들어오면 그것을 용도에 맞게 통장에 나눠 넣은 후 그 안에서 소비를 하면 자동으로 돈이 아껴진다는 것이다.

 절약에 관심이 많은 나도 당연히 이런저런 전략들을 따라해 봤다. 하지만 통장 개수를 네 개나 세 개로 쪼개는 것이 반드시 좋지는 않다는 결론을 내렸다. 역시나 절약은 본인의 상황에 맞는 방법을 찾아야 한다는 걸 다시 한 번 느꼈다.

여러 가지 통장 쪼개기 전략을 두루 경험한 끝에 현재의 나는 지출 관리를 위한 통장 쪼개기 전략은 사용하지 않고, 남편의 급여 통장과 나의 주거래 통장에서 모든 소비를 해결하고 있다. 돈 나가는 통장이 여기저기 흩어져 있으면 오히려 관리가 어려웠다.

특히 이자가 나가는 통장은 잔고를 한눈에 확인할 수 있어야 마음이 편했다. 그렇지 않으면 자칫 잔고를 채워 넣는 것을 깜빡해서 나도 모르게 연체가 되고 신용등급에 악영향을 미칠 수도 있기 때문이다.

대신 나는 '목적별 통장'을 여러 개 만들어서 사용하고 있다. 이것은 통장 쪼개기와는 약간 다른 개념으로, 소비를 관리하기 위해 통장을 나누는 게 아니라 쓸 돈을 미리 모아놓기 위한 통장이다. 앞으로 나가게 될 돈 중에서 비중이 큰 항목은 따로 통장을 만들어서 미리 조금씩 모아두는 것이다. 이렇게 하면 목돈 나갈 일이 생기더라도 생활비를 일정한 수준으로 관리하기가 편하기 때문에 선택한 방법이다.

개인별 통장
목적에 맞는 금액과 방법으로 적립하자

목적별 통장에 무엇무엇이 포함되는지는 사람마다 다를 수 있다. 어떤 항목에 정기적으로 지출하고 있는지, 어떤 지출의 비중이 높은지에 따라 달라질 테니 말이다. 나의 경우는 '경조사비 통장, 가족 모임 통장, 반려견 통장'을 만들어서 사용하고 있다.

경조사는 주로 봄이나 가을에 몰리기 때문에 미리 대비해두지 않으면 그 달은 생활비가 많이 모자라게 된다. 그래서 매월 소득에서 10만 원씩 떼어서 따로 모아두는데, 이렇게 하면 한 번에 경조사비가 몇십만 원씩 지출되어도 생활비가 흐트러지지 않아 관리하기 좋다.

가족 모임 통장은 가족들끼리 식사하거나 놀러 가는 데에 쓸 돈을 모아둔 통장이다. 동생이 결혼하면서부터 동생과 내가 각각 10만 원씩 매월 20만 원을 넣고 있다. 그전에는 가족들이 모이면 그때그때 사고 싶은 사람이 밥값을 내곤 했는데, 식구가 점점 늘면서 식사비용이 꽤 나오자 누구 한 사람에게 부담시키기가 왠지 마음이 편치 않았다. 가족 모임 통장이 만들어진 후에는 서로 부담 없이 즐거운 외식을 할 수 있어서 좋다.

뿐만 아니라 가족들에게 갑작스런 일이 생길 때에도 유용하다. 재작년에 갑자기 엄마가 갑상선 수술을 하시게 되었을 때도 그 비용을 가족 모임 통장에 있던 돈으로 내고 모자란 부분만 나와 동생이 메우면 되어서 부담이 크지 않았다. 다른 일도 아니고 가족의 건강이 달린 일인데 비용이 부담스러워서 망설이지 않아도 된다는 사실이 감사했다.

반려견 통장은 우리집 반려견 '꼬미'를 위한 통장이다. 반려견을 키우는 데에는 은근히 돈이 들어간다. 사료나 간식 비용도 있지만 해마다 광견병 등의 예방접종을 해야 하고, 구충제도 먹여야 하고, 나이가 좀 더 들면 여기저기 아픈 곳이 많아지면서 병원비가 들어갈 것이다. 유기되는 동물 중 상당수가 이 비싼 병원비 때문이라는 이야기도 들었다. 1년에 한 번씩 필수적으로 맞혀야 하는 광견병 백신만 해도 3만 원이 들어간다.

참고로 지자체에 동물등록을 해두면 관내 지정 동물병원에서 봄 또는 가을마다 광견병 백신을 2,500원 내지 5,000원에 접종해주므로 활용하면 좋다.

강아지도 소중한 우리 가족인데 돈이 없어서 치료를 못 해준다면? 생각하기도 싫다. 동물 보험도 알아봤지만 보장범위가 좁아 실효성이 떨어진다는 생각에 차라리 그 돈을 모아두기로 했다. 그래서 한 달에 10만 원 정도씩 적립하고 있는데, 그중 5만 원 정도는 사료와 간식을 사는 데에 쓰고 나머지는 만약을 위해 모으고 있다.

사람에 따라 여행을 위한 통장이나 자동차 유지 비용을 위한 통장도 만들 수 있다. 나에게 돈 모으기를 상담받았던 사촌동생은 화장품 통장을 따로 만들었다. 과거 사용 내역을 보니 화장품을 살 때가 돌아오면 생활비가 한 번에 쑥 나가버리는 것을 보고 만든 것이다. 그래서 지난 1년 동안 화장품에 썼던 비용을 모두 합해본 후 그것을 12개월로 나눠서 다달이 일정 금액을 적립하고 있다.

이처럼 각자의 상황에 따라 목적별 통장은 다르게 운영될 수 있다.

중요한 것은 목적별 통장에 모으는 돈은 저축이 아니라 지출 항목으로 관리해야 한다는 점이다. 가까운 미래에 쓰게 될 돈을 미리 준비하는 개념일 뿐 종잣돈으로 활용되는 돈이 아니므로, 저축액에 이 항목을 포함하면 곤란하다.

적금 통장
이율보다 모으는 것 자체가 중요하다

적금은 절약으로 아낀 돈을 종잣돈으로 모으기 위한 가장 기본적인 수단이다. 요즘은 스마트폰으로 간편하게 적금에 가입할 수 있기 때문에 나는 주로 새마을금고나 카카오뱅크를 이용하고, 가끔 주거래은행에서 특판 예금이 나오면 그걸 이용한다.

대학교 시절에는 이자를 0.1%라도 더 받으려고 가장 이율이 높다는 여의도의 은행까지 찾아간 적이 있다. 심지어 평일에 가기가 어려워서 방학 때까지 몇 달을 기다렸다가 적금 통장을 개설했는데, 지금 생각하면 차라리 집 근처 아무 은행이나 가는 게 나았을 거라는 생각을 한다. 그랬으면 차비도 안 들었을 테고, 몇 달 먼저 만기가 다가왔을 테니 말이다.

요즘은 은행 이자가 워낙 낮다 보니 예금액이 엄청나게 크지 않은 이상 이자율이 그렇게 큰 영향을 주지 못하는 것 같다. 그래서 적금은 이자를 위해 모은다기보다는 단지 푼돈을 모아서 목돈으로 만들기 위한 수단으로만 생각하는 게 바람직하다고 본다. 어느 은행이든 편리한 곳에 가서 하루라도 빨리 돈 모으기를 시작하는 게 낫다.

적금의 가입 금액은 한 번에 크게 잡는 것보다 잘게 쪼개어 여러 개를 가입하는 게 낫다. 예를 들어 한 달에 50만 원을 불입할 계획이라면 10만 원짜리 적금 5개, 또는 10만 원짜리 3개에 20만 원짜리 1개를 개설하는 식이다.

그 이유는 갑작스럽게 돈이 필요한 상황이 발생할 때의 리스크를 줄이기 위해서이다. 그동안 적금으로 모은 돈이 1,000만 원인데 당장 500만 원이 필요해서 이 적금을 깨버린다면 나머지 500만 원에 대한 이자 혜택을 받기 어려울 뿐 아니라 나머지 돈도 흐지부지 써버릴 위험이 크다.

적금은 깨지 않고 유지하는 것만으로도 큰 의미가 있다. 다른 곳에 쓰지 않고 돈을 모아두는 가장 확실한 방법이기 때문이다. 적금이 만기되면 그 돈으로 투자를 시작하거나, 아직 금액이 충분하지 않고 투자를 잘할 자신도 없다면 그대로 예금에 다시 묶어두는 게 좋다.

예비비 통장
가계부 안정의 일등공신

나는 한 달 생활비로 잡은 예산에서 남는 돈이 있으면

'예비비 통장'에 넣은 후 적자가 나는 달에는 이 통장에서 꺼내어 쓴다. 그러면 매월 계획한 생활비 예산이 흐트러지지 않고, 저축액도 일정하게 유지할 수 있다.

생활하다 보면 반드시 적자가 나는 달이 생긴다. 이럴 때 모자란 생활비를 총수입금액에서 쓰게 되면 저축금액이 줄어들게 되거나, 저축액을 줄이지 않으려고 신용카드를 사용하게 될 수도 있다. 하지만 그래 봐야 어차피 적자가 한 달 미뤄지는 것뿐이다. 이렇게 한두 달 씀씀이가 어그러지면 결국 절약을 포기하는 경우가 많기 때문에 예비비는 꼭 필요하다.

말 그대로 언제 사용할지 모르는 예비비이므로 중간에 해지가 어려운 예·적금 통장에 넣어둘 수는 없다. 그렇다고 이자가 안 붙는 일반 통장에 넣어두기는 아깝기 때문에 나는 주로 카카오뱅크의 '세이프박스'라는 서비스를 이용한다. 이자율이 높지는 않지만 하루를 넣어 두어도 이자가 조금은 붙기 때문에 잠시 보관하기에는 적합하다. CMA나 MMF 등의 통장도 예·적금만큼의 높은 이자는 아니지만 하루만 넣어두어도 어느 정도 이자가 붙으므로 이용해보면 좋다.

당장 생활비도 빠듯한데 예비비를 뚝 떼어서 남겨놓기는 아무래도 부담스러울 수밖에 없다. 그러니 처음부터 무리하지 말고, 매달 생활비를 아끼기 위해 노력해서 조금씩 예비비를 축적해두려는 노력이 필요하다.

공돈 통장
눈에 보이는 절약이 가능해진다

내가 중요하게 생각하는 통장 중 하나는 바로 앞에서 소개한 바 있는 '공돈 통장'이다. 생활비 중에서 예상보다 더 아끼게 되는 경우 가계부에 반영하지 않고 그만큼의 금액을 옮겨서 적립해두는 통장이다.

예를 들어 2만 원짜리 세탁세제를 구입하는데 그동안 적립했던 포인트로 2,000원을 할인받았다고 치자. 그러면 실제로는 1만8,000원이 들어간 셈이지만, 가계부에는 원래 가격인 2만 원을 기재한다. 그리고 할인받은 금액 2,000원은 공돈 통장으로 옮겨놓는 것이다.

통신사 할인판매로 마트 상품권을 구입한 경우나 제휴 카드로 관리비를 할인받을 때에도 줄어든 만큼의 금액을 공돈 통장에 옮겨 놓는다. 할인되는 금액은 기껏해야 몇

천 원 정도지만, 1년이 지나면 공돈 통장의 잔고가 몇십만 원은 거뜬히 쌓인다.

공돈 통장과 예비비 통장은 둘 다 생활비를 아낀 만큼 돈이 쌓이는 것은 같지만, 공돈 통장은 오직 나만을 위한 돈이라는 점에서 느낌이 남다르다. 이렇게 모은 공돈으로 편찮으신 할머니께 용돈도 넉넉히 드릴 수 있고, 듣고 싶은 강의가 있으면 언제든지 들을 수 있으며, 가끔 옷이나 구두를 사는 등 소소한 사치도 부릴 수 있다.

공돈 통장의 위력을 한 번 경험하게 되면 돈 모으는 게 더욱 재미있어진다. 마치 게임 캐릭터의 능력치가 쌓이듯이, 내가 노력해서 아낀 만큼 나를 위한 돈이 쌓이는 게 눈에 보이기 때문이다. 그렇다고 해도 차마 함부로 쓰지는 못한다. '공돈'이라는 이름을 붙이긴 했지만 그동안 열심히 아낀 노력의 대가이기 때문이다.

그래서 꼭 하고 싶은 일, 꼭 쓰고 싶은 일에만 이 돈을 사용하게 되는데 그만큼 소비 후의 만족감은 더욱 높다. 나만을 위해 쓸 수 있는 돈을 미리 확보해둔다면 아끼고 절약하느라 지친 자신을 위로할 수 있을 것이다.

공돈 통장은 절약 습관을 키우려는 분들에게 꼭 권해주

고 싶은 아이디어이지만, 주의할 점은 이것이 진짜 공돈이라고 생각해서는 곤란하다는 점이다. 사람들에게는 각자의 '심리계좌'라는 게 있다고 한다. 경제적 의사결정을 할 때 마음 속에 정한 나름의 구분법에 따라 손실을 계산한다는 뜻이다.

'공돈'이라는 심리계좌에 들어간 돈이 흥청망청 써버려도 되는 돈이라고 생각하지는 말았으면 좋겠다. 그런 면에서 공짜로 생긴 돈인 '공(空)돈'이 아니라 힘들게 공들여서 얻은 '공(功)돈'이 맞지 않을까 싶다.

생활비 통장
신용카드로 대체 가능하다

이쯤 해서 어떤 분들은 "왜 생활비 통장은 없나요?"라고 물으실 수 있다. 사실 나는 생활비를 대부분 신용카드로 해결하기 때문에 따로 생활비 통장을 사용하지 않는다. 절약 관련 책을 보면 대부분 '돈을 모으려면 신용카드를 없애라'라고 이야기하기 때문에 내가 생활비 통장 대신 신용카드를, 그것도 여러 장을 사용한다고 하면 깜짝 놀라는 분들이 많다.

나는 무조건 신용카드를 쓰지 않는 것보다는 각종 혜택을 누리면서 잘 사용하는 것이 더 낫다고 보는 입장이다. 신용카드가 많아지면 관리가 힘들지만, 혜택이 큰 카드 몇 장만 골라서 사용처를 정해놓고 쓰면 생각보다 관리가 어렵지 않다. 요즘 신용카드는 할인과 포인트 혜택이 많아서 잘 활용한다면 꽤 쏠쏠하고, 특히 관리비와 통신요금 할인은 상당한 도움이 된다.

다만 전월 결제금액이 얼마 이상일 때에만 할인이 되는데, 생활비가 적은 편이기 때문에 이 금액을 채우기가 만만치는 않다. 오히려 이 금액을 채우겠다며 불필요한 소비를 하게 될 수도 있으므로 주로 보험료 등의 고정비를 자동결제로 걸어두는 것을 권한다.

물론 이것은 어디까지나 지출 통제가 가능할 때 해당하는 이야기다. 아직 예전의 소비 습관 때문에 매달 월급이 카드 대금으로 빠져나가 버리는 경우라면 당분간은 현금이나 체크카드를 사용하라고 권하고 싶다. 차차 소비 습관을 개선해서 불필요한 소비를 하지 않게 되면 신용카드의 편리함과 혜택을 누리는 것도 괜찮다.

상황에 맞게 조정하며 관리하자

이런 식으로 각자 라이프 스타일에 맞게 다양한 목적별 통장을 만들어 사용할 수 있다. 하지만 모든 항목마다 목적별 통장을 다 만들면 오히려 관리가 복잡해질 수도 있다. 주기적으로 목돈이 나가는 항목, 생활비에 지장을 줄 만한 항목에 대해서만 목적별 통장을 만들고 나머지 자잘한 부분은 생활비 예산에 반영해도 충분하다.

쓰임새에 맞게 어떤 금융상품을 이용할 것이냐는 다를 수 있다. 예를 들어 여행 통장처럼 일 년에 한두 번 인출하는 경우에는 카카오뱅크 적금을 활용하면 좋다. 이 상품은 만기 전에 2회에 한해 인출이 가능하기 때문이다. 또, 가족 모임 통장은 다른 사람과 공유 가능한 모임 통장이 좋고, 여러 번 인출하게 되는 경조사비 통장은 일반 자유예금이 좋을 것이다.

또 하나 중요한 것은 무조건 적립하는 게 전부는 아니라는 점이다. 여기에 설명하지 않은 목적별 통장 중에 '투자 통장'이 있다. 종잣돈이 어느 정도 모여서 투자를 할 때 사용하기 위한 통장인데, 앞서 나열한 목적별 통장들의 잔고가 일정 금액 이상으로 늘어나면 여유 금액을 여기로 옮겨서 투자에 활용한다. 언제든지 사용할 수 있어야 하므로 예·적금 통장보다는 하루를 맡겨도 이자가 나오는 MMF나 CMA 통장을 이용하고 있다.

정리하자면, 급여 통장에 들어온 급여 중에서 카드 대금(생활비)과 고정비가 나가고, 저축을 포함한 목적별 통장으로 조금씩 배분되어 나간다. 내가 신경 써야 할 것은 신용카드로 지출하는 식비 등의 생활비가 예산을 넘기지 않는 것, 그리고 한 달에 한 번씩 정산을 하면서 여유자금을 투자 통장으로 옮기는 것뿐이다.

통장이 많으면 관리가 복잡해지는 건 아닌지 걱정될 수도 있지만 나의 경우에는 오히려 그 반대였다. 목적에 따라 통장을 나누어두면 특수 목적에 쓰일 돈들이 생활비와 섞이지 않아 오히려 돈 관리에 유리하다.

함께 하면
절약이 더
재미있어진다

지금까지 나의 씀씀이를 파악하고, 목표를 정하고, 고정비와 생활비 규모를 파악하고, 가계부와 통장을 세팅해 보았다. 이제는 우리집에 필요한 한 달 고정비와 생활비 예산을 쉽게 책정할 수 있을 것이다.

계획보다 중요한 것은 실천이듯, 예산을 정하면 무슨 일이 있어도 지키기 위해 노력해야 한다. 그리고 가능하다면 점점 더 예산을 줄여가면서 최적의 생활비를 찾도록 노력할 필요가 있다.

변수는 매달 발생할 것이고 그에 따라 예산도 계속 변

화하겠지만, 중요한 것은 지난달보다 이번 달에 조금이라도 더 아껴보려는 노력을 꾸준히 하는 것이다.

그러기 위해서 여러분이 반드시 했으면 하는 것이 가계부 쓰기다. 가계부를 날마다 기록하다 보면 '오늘도 불필요한 지출이 있었네'라는 반성을 자연스럽게 하게 되고, 다음부터는 자연스럽게 돈을 쓰기 전에 한 번 더 고민하게 된다. 반대로 돈이 모이는 것을 날마다 확인하다 보면 '오늘도 이만큼 모았구나'라는 생각과 함께 스스로에 대한 뿌듯함을 느낄 수 있을 것이다.

무엇이든 처음이 어려운 법이다. 금방 효과가 나타나지 않더라도 포기하지 않고 지속해나가다 보면 눈에 보이기 시작할 것이다. 그래서 가계부는 잘쓰는 것보다는 꾸준히 쓰는 것이 더 중요하다고 생각한다.

처음에는 귀찮기도 하고, 잔액이 안 맞아서 스트레스를 받을 수도 있다. 하지만 잔액 몇푼 안 맞는다고 큰일나는 것은 아니다. 그보다는 내가 어디에 돈을 썼는지, 그것이 쓸데없는 소비는 아니었는지에 더 집중해 보자. 우리가 가계부를 쓰는 목적은 불필요한 소비를 줄여서 종잣돈을 만들자는 것이지 숫자 계산의 달인이 되기 위한 것은 아님을 잊지 말자.

한 달에 500만 원 저축을 가능하게 하는 힘

'부릿지' 멤버들도 일단 가계부를 써 보면 첫 달부터 그 효과를 실감하며 놀라곤 한다. 가족나들이를 갔다가 아무것도 안 산 적은 처음이라는 분, 역대급으로 카드값이 적게 나왔다는 분, 어떻게든 예산에 맞춰보려고 노력하니 지출이 눈에 띄게 줄어들었다는 분 등….

그러다가 월말이 되어 저축액을 정산해보면 더욱 달라진다. 설렘을 안고 계산해본 후 지난 달보다 월등히 늘어난 저축액에 기뻐하기도 하고, 다른 사람들의 성과를 보며 더욱 자극도 받는다. 분명 다음 달엔 더 많이 절약하고 저축하기 위해 노력하게 될 것이다. 혼자 하기는 힘들지만 여럿이 함께 하면 조금은 수월해지는 모양이다. 게다가 회원들이 초롱초롱한 눈빛으로 '대체 아린이라는 사람은 얼마나 잘 하나 보자' 하며 지켜보고 있기에 나 역시 더욱 노력하게 된다.

부릿지 멤버들이 변화해가는 모습을 보고 있으면 감탄하게 되는 경우가 많다. 처음에는 생활비를 어떻게 그렇게까지 줄이느냐며 하소연하던 분들이 나중에는 스스로 재미를 느끼면서 지출을 줄일 데가 더 없나 요리조리 따져 본다. 그렇게 어느 정도 종잣돈을 모으면 조금씩 투자를 시작하는데, 가끔은 엄청난 성과로 다른 멤버들을 깜짝 놀라게 만들 때도 있다.

J님은 9개월 만에 약 1,800만 원을 저축하였다. 당초 목표했던 금액의 두 배나 되는 돈이다. 아무리 쥐어짜도 900만 원 이상은 저축할 수 없을 거라고 생각했는데 막상 함께 가계부를 쓰고 불필요한 지출을 줄여가다 보니 기대 이상의 성과를 얻은 것이다.

스스로 '나 부릿지 하는 여자야'라고 소개하시는 품위님은 1년 동안 약 1,250만 원을 모았다. 개인적인 슬럼프를 다양한 도전으로 극복하고 있다는데, 그 과정에서 부릿지 멤버들의 열정과 격려가 큰 자극이 되었다고 한다. 이렇게 모은 종잣돈으로 얼마 전에는 드디어 주식 투자에 도전장을 던졌다.

절약만으로 월 500만 원 이상을 저축하는 히카루 님은 이제 주식 투자로도 월 400만 원이 넘는 수익을 올리는 등 '자산 불리기' 단계에 성공적으로 진입했다. 1년 넘게 가계부 쓰는 버릇을 들였더니 이제는 굳이 계산하지 않고도 예산을 딱 맞추게 되었다며, 재테크 수익까지 합쳐서 월 800만 원 이상의 저축을 유지하고자 노력 중이다.

절약을 넘어 이제 주식 투자자로서 맹렬히 공부 중인 리치뚠뚠 님은 평균수익률 33.94%라는 엄청난 성적을 기록해서 모두를 놀라게 했다. 상대적으로 적은 투자금을 가지고도 주식 투자는 물론 공모주 청약과 배당금 등으로 쏠쏠한 수익을 거두었다. 자본소득으로 자동차, 냉장고, 건조기를 사는 내 모습을 보고 자극 받았다며 더욱 맹렬히 공부를 하고 있다.

자본소득이 생기면 스스로에게 상을 주자

부릿지 멤버들은 무조건 아껴야 한다는 압박을 느끼는 사람들이 아니다. 처음에는 소비의 유혹에 넘어가기도 하고 생활비 예산을 넘겨서 냉정한 피드백을 받기도 하지만, 시간이 지날수록 쓸데없는 지출을 줄이고 저축액을 늘려가며 스스로 돈 모으는 재미를 찾아가는 분들이다.

스스로 노력했다는 사실을 축하하기 위해 가끔은 소소한 사치도 부릴 줄 안다. 그런 모습을 보면 부릿지 멤버들은 "한동안 잠잠하더니 쓸데없는 돈을 쓰셨네"라며 안타깝게 바라볼까? 아니다. 그동안의 노력을 서로 알고 있기 때문에 오히려 잘하셨다고, 축하한다고 함께 기뻐한다.

한달 저축액 200만 원을 유지하고 있는 봄구름 님은 올 초에 고장난 유선청소기 대신 125만 원짜리 무선청소기를 충동구매했다고 한다. 그런데 이 돈은 모아놓은 종잣돈을 헐어서 지출한 게 아니라 종잣돈을 주식에 투자해서 얻은 수익금의 일부를 떼어 산 것이다. 이런 지출은 축하받을 만하다. 연말에는 이사를 준비 중인데 빨래건조기를 사고 싶다며, 그 돈을 마련하기 위해 한 푼이라도 아끼고 주식 투자 수익률을 조금이라도 높이기 위해 열정을 불태우고 있다.

화천에 거주하는 우아한걸 님은 최근 캠핑에 취미를 붙였는데 캠핑 장비를 모두 주식 투자 수익금으로 장만했단다. 거창하지 않게 꼭 필요한 물품만 구입했지만, 남편이 자꾸만 캠핑장에서 만난 사람들에게 "우리 와이프가 주식 투자 해서 번 돈으로 장비를 구입했다"며 자랑하는 바람에 조금 부끄러우면서도 뿌듯하다고 한다. 무엇보다 친구들과 술 마시기를 즐기던 남편도 자신을 따라 재테크에 관심을 갖고 미래에 대한 대화를 자주 나누게 된 것이 가장 기쁘다고 한다.

부릿지 멤버들에게서 자주 나타나는 공통점 중 하나는 배우자와 가족들의 변화다. 이번 달에 번 돈이라며 치킨 한 마리라도 시켜 먹다 보면, 처음에는 "그거 아껴서 얼마나 되냐"던 가족들도 점점 달라진다는 것이다. 성과가 눈에 보이기 시작하면 가족들도 함께 재미를 느낀다. 그러면서 본인들도 절약에 협조하게 되고 그만큼 종잣돈 모으기의 시너지는 커지는 것이다.

만약 우리가 무조건 아끼고 모으기만 하는 사람들이라면 이런 변화는 쉽게 일어나지 않을 것이다. 모으는 것 자체에 목적을 두기 보다 그 돈으로 이룰 수 있는 많은 것들에 초점을 맞추기 때문에 더욱 즐겁게 절약할 수 있는 것이다. 내가 항상 무리해서 절약하기보다 자신의 상황에 맞는 방법을 찾으라고 말하는 것도 그 때문이다.

절약은 일상이다. 그리고 일상은 즐거워야 한다. 내가 지금 아끼는 이 한 푼이 나중에 종잣돈이 되어 두세 배로 돌아온다는 것을 깨닫는다면 푼돈이라고 함부로 쓰는 일은 줄어들 것이다. 여기에 서로 응원하고 격려하는 동료들까지 있다면 더욱 즐겁게 노력할 수 있다.

    기회는 언제든 온다. 가장 중요한 것은 기회가 있을 때 그것을 알아볼 수 있는 안목, 그리고 열심히 모아둔 종잣돈이다. 그러므로 너무 조급해하지 말고 지금부터 조금만 습관을 바꿔보기 바란다. 내가 오늘 아낀 천 원, 이천 원이 1년 후에는 천만 원, 이천만 원의 종잣돈이 되어 나와 우리 가족의 꿈을 이루게 해준다는 것을 기억했으면 좋겠다.

집밥과
장보기가
중요한 이유

    생활비 절약을 위해서 외식 대신 집밥 먹기를 실천하는 분들이 많다. 하루 세 번씩 먹는 것이 밥인데 한 끼에 500원씩만 아껴도 꽤 많은 금액이 되니 당연한 일이다. 우리 집도 외식보다는 집밥을 선호한다. 식비 절약 효과도 있지만 건강을 위해서도 좋은 습관이라고 생각한다.

    나는 밥을 할 때 가능하면 집에 있는 재료부터 최대한 사용하려고 한다. 문제는 내가 요리를 잘하지 못한다는 것인데, 그래서 '밥타임'이라는 어플을 유용하게 활용하고 있다. 집에 있는 식재료 몇 가지를 입력하면 그것을 활용해 만들 수 있는 요리가 검색된다. 간혹 부족한 재료가 한두 가지 있지만 꼭 필요한 재료가 아니라면 그냥 없는 대로 요리를 하는 편이다. 그렇게 해도 음식 맛이 크게 떨어지는 것 같지는 않고 다행히 아이도 잘 먹어준다.

솜씨가 부족하기도 하지만 시간도 절약할 겸 나는 밑반찬을 많이 만들기보다는 주요 요리 한 가지를 신경 써서 만들어 먹는 편이다. 기본적으로 김치는 있으니 괜찮고, 너무 허전하다 싶으면 파프리카 등 생채소나 샐러드를 곁들인다. 이렇게 먹으면 영양소를 골고루 섭취하기도 좋고 뒷정리도 한결 편하다. 전업주부에게도 시간 절약은 소중하다. 재테크 공부도 해야 하고, 나를 위한 시간도 필요하니까 말이다.

일주일치 식단 미리 짜기의 역효과

생활비를 아끼려면 장보기 전에 필요한 것들의 목록을 미리 작성하는 것이 기본이다. 목록 외의 것들을 충동구매하지 않을 수 있고, 반대로 꼭 사야 할 것을 빠뜨리는 불상사도 막을 수 있다.

가끔 전통시장이 아닌 마트에 갈 때는 특히 조심해야

한다. 마트에는 사고 싶은 물건들을 워낙 근사하게 진열해놓다 보니 충동구매 욕구가 더 커지는 것 같다. 그럴 땐 서둘러 지하 식재료 코너로 가서 필요한 것들만 얼른 계산하고 나온다. 그런데도 가끔 내가 너무나 좋아하는 홍시를 발견하면 그만 장바구니에 넣곤 한다. 그나마 미리 목록을 작성했으니 사기 전에 고민이라도 하지, 그렇지 않으면 순식간에 장바구니가 꽉 찰 수도 있다.

한때 음식 낭비를 막기 위해서 일주일치 식단을 미리 짜고 그에 맞춰 장을 보라는 조언이 유행했다. 그 조언에 따라 나도 처음에는 일주일치 식단을 짜고 그에 맞는 식재료를 구매했다. 하지만 얼마 안 되어서 이것이 나에게는 잘 맞지 않는 방법이라는 것을 알게 됐다. 식단에는 늘 변수가 발생했다. 갑자기 약속이 잡히거나, 아이가 아파서 죽을 끓여주어야 하거나, 반대로 내가 아파서 배달 음식을 시키는 날도 있었다.

게다가 일주일치가 딱 떨어지게 재료를 사기도 쉽지 않았다. 그리고 다음 주까지는 장을 보러 오지 않을 테니까 필요한 것을 미리 사두자는 마음에 조금씩 더 사두게 되는 것들이 꼭 있었다. 결과적으로 필요 이상의 식재료를 사오는 셈이 되었다.

이렇게 되면 미리 사다가 냉장고에 넣어둔 식재료를 제때 소진하기가 어렵다. 급한 대로 냉동실로 옮길 수 있는 것은 옮기지만 그대로 기억에서 잊혔다가 한참 후에 발견되는 경우도 많다. 냉동했다가 녹이면 맛이 떨어지는 경우도 많고, 냉동해놨다고 오랫동안 보관이 가능한 것도 아니라고 한다.

한 번은 큰맘 먹고 냉동실 정리를 했는데, 버려야 할 음식물만 7리터가 나온 적이 있다. 꽁꽁 언 음식물은 버리는 것도 일이었다. 우리집은 1리터짜리 작은 종량제봉투로 음식물 쓰레기를 버리기 때문에 꽝꽝 얼어서 붙은 음식물들이 들어가지를 않았다. 버리기 위해 해동을 하면서 남편이 힘들게 벌어온 돈을 그냥 내다 버리다니 이게 무슨 짓인가 싶어 미안하고 아까웠다.

그런 일들을 겪으면서 앞으로는 하루이틀 먹을 양만 장을 보자고 결심했다. 마트도 길 한 번만 건너면 있으니 조금 귀찮더라도 꼭 필요한 것만 사는 습관을 들이기로 한 것이다. 하루이틀 분량씩 장보기를 해 보니 실제로는 사온 식재료로 삼사일을 먹게 되는 경우가 많았다. 그리고 어차피 필요할 때 또 오면 되니까 다른 것도 미리 사두자는 생각도 사라졌다. 식단에 꼭 맞춰서 장을 볼 때와 달리 재료 한두 가지쯤 부족해도 큰 무리가 없으니, 굳이 사러 가지 않게 되는 경우도 많다.

결과적으로 일주일치 장보기를 할 때보다 식비가 대폭 줄어드는 효과가 있었다. 완벽하지는 않지만 아직까지 필요한 것만 사는 습관은 그럭저럭 잘 유지되고 있다.

영수증을 활용한 냉장고 파먹기

다른 사람들에게는 효과적일지 몰라도 나에게는 별로 맞지 않았던 또 다른 절약 방법은 '냉장고 지도'였다. 어떤 재료를 언제 구입했고 얼마나 남아 있는지를 기록하는 것인데, 그때그때 필요할 때마다 장을 보는 나에게는 무엇이 새로 들어왔고 무엇이 남았는지를 매번 적는 것이 번거로웠다.

그래서 쓰게 된 방법이 영수증을 그대로 냉장고에 붙여놓는 것이었다. 구입한 식재료 중에 다 먹은 것은 펜으로 줄을 그어 지우고, 다 지워진 영수증은 떼어서 버리면 된다. 이렇게 하면 일일이 적지 않아도 언제 어떤 식재료를 샀고 그중에 어떤 것이 남아있는지 한눈에 알 수 있다.

기존 식재료가 한두 가지 남았는데 새로운 영수증을 붙이게 될 경우에는 새 영수증 빈 공간에 남은 식재료를 펜으로 적어두고 기존 것은 버린다. 그러면 여러 장을 덕지덕지 붙여놓지 않아도 된다.

상품권으로 10% 더 싸게 사는 기술

나는 마트보다 전통시장을 좋아한다고 했는데 그 이유에는 여러 가지가 있다. 식자재를 조금씩 살 수 있고, 가격도 마트보다 더 싸며, 플라스틱이나 비닐 포장이 적어서 환경에도 더 좋다.

그리고 온누리상품권을 이용할 수 있다는 것도 큰 장점이다. 온누리상품권은 전통시장 내 가맹점에서 현금처럼 사용할 수 있는데, 매월 50만 원까지는 5% 할인구매가 가능하고 명절 기간에는 10%까지도 가능하다. 상품권을 사서 사용하는 순간 이미 5% 내지 10%를 절약하는 셈이다. 새로 이사온 집 근처에는 다행히도 전통시장이 있어서 적극적으로 활용하고 있다.

일반 마트에서도 상품권을 활용하면 조금 더 생활비를

절약할 수 있다. 예를 들어 이마트에서는 신세계 상품권을 사용할 수 있는데, 이 상품권은 통신사 멤버십을 통해 3% 내지 7% 정도 할인받아 구매할 수 있다. 한 달에 10만 원까지만 구매할 수 있기 때문에 짝수 달에는 남편 이름으로, 홀수 달에는 내 이름으로 10만 원어치씩 구입하곤 한다. 그러면 20만 원어치 상품권을 18만 원에 산 것이므로 식재료를 구입할 때 3~7%를 할인받는 셈이다. 아쉽게도 이런 혜택은 자꾸 줄어드는 추세다.

주의할 점은 상품권도 내 돈이나 마찬가지라는 것을 잊으면 안 된다는 것이다. 식재료나 생필품을 저렴하게 사려고 현금을 주고 구입한 건데 왠지 공돈이 생긴 기분으로 이것저것 계획에 없던 소비를 하면 곤란하다. 절약의 기본은 항상 '필요한 물건을 필요한 때에 구입하는 것'임을 잊으면 안 된다.

육아비,
아낄 것과
아끼지 말아야 할 것

"요즘 아기 엄마들은 유모차 뭐 밀고 나오는지 다 본다며?"

매주 금요일마다 아파트 단지에 오시는 두부 아주머니께서 한 말이다. 나도 아이를 키우는 사람이라 그것이 무슨 말인지 알고 있다. 엄마들에게 유모차는 자존심의 상징처럼 여겨진다.

엄마들 사이에서 인기 많은 S브랜드 유모차가 있다. 그 자체 가격도 160만 원이 훌쩍 넘지만, 계절에 따라 바꿔 씌우는 커버나 추가로 매다는 가방도 수십만 원이 넘어서 깜짝 놀란 적이 있다. 지인은 그 유모차를 선물 받았는데 차에 실리지 않아서 중고시장에 100만 원을 받고 팔았다고 한다. 그 얘기를 듣고 한 번 더 놀랐던 기억이 있다.

그 유모차가 비싼 데에는 이런저런 이유가 있겠지만 솔직히 내 입장에서는 잘 이해되지 않는다. 몇십만 원짜리 유모차와 몇백만 원짜리 유모차가 아기에게 얼마나 다른 편안함을 제공해줄 것인지도 잘 모르겠고, 접히지 않아서 차에 실리지 않는다면 부모 입장에서도 더 불편한 것 아닌가? 좋은 것만 해주고 싶은 마음은 부모라면 다 똑같겠지만 가끔은 그것이 아이를 위한 일인지 아니면 부모를 위한 일인지 헷갈릴 때가 있다.

나라고 왜 그런 마음이 없었을까. 비싼 전집 동화책도 잔뜩 사서 읽어주고 싶고, 고급 브랜드 옷으로 예쁜 내 아기 한껏 더 예쁘게 해주고 싶고, 남들 다 있는 장난감 당연히 내 아이에게도 주고 싶고…. 해주고 싶은 걸로 치자면 한도 끝도 없다.

하지만 한발 물러서서 냉정하게 생각해보면 우리가 두세 살 때 어떤 옷을 입었는지, 어떤 장난감이 있었는지 기억하는 사람이 있을까? 그렇게 생각해보면 아무것도 기억 못할 때 비싼 옷, 비싼 장난감을 사주는 것보다 아이의 미래를 위해 종잣돈을 모으고 불리는 게 훨씬 낫다는 결론에 이르게 된다. 아이가 자라서 이루고 싶은 일이 생겼을 때 도와줄 능력이 있는 부모가 되는 게 우선이라는 생각 말이다.

소중한 내 아이를 대충 키우자는 말이 아니다. 필요한 것과 필요하지 않은 것을 구분해야 한다는 뜻이다. 여기에서는 내 경험에 비춰봤을 때 아이에게 꼭 해주어야 할 것과 하지 않아도 될 것은 무엇이었는지를 주관적인 기준으로 적어보고자 한다.

다양한 샘플로 내 아이에게 맞는 제품 찾기

나는 아이가 어릴 때는 옷이나 장난감처럼 외적인 부분에 신경쓰기 보다 아이의 건강과 발육을 위해 돈을 쓰는 게 더 현명하다고 생각한다. 하지만 많은 경우, 특히 첫 아이가 태어나면 하나라도 더 좋은 것을 해주고 싶은 마음에 무조건 비싼 제품을 사는 부모들이 많다.

문제는 비싼 제품이 꼭 아이에게 잘 맞는 건 아니라는 점이다. 가격이 얼마인가를 떠나서 내 아이에게 잘 맞는 제품을 찾아내는 것이 가장 우선이다. 그럴 때 활용하기 좋은 것이 육아 관련 업체들이 운영하는 산모 교실인데, 여기에서 홍보용으로 주는 선물들을 적극 활용하면 좋다. 기저귀, 젖병, 아기용 세탁 세제, 젖병 세제, 아기 로션, 카시트에 이르기까지 종류도 다양하다. 초보 엄마들에게는 육아 정보도 배우고 다양한 샘플도 사용해보면서 우리 아이에게 잘 맞는 제품을 찾아낼 수 있는 기회다. 친구는 샘플로 받은 젖병이 여러 개라서 추가로 구입하지 않고 사용하기도 했다.

기저귀는 비싸다고 해서 아기 엉덩이에 발진이 안 생긴다는 보장이 없기 때문에 이것저것 써보고 아기가 가장 편해 하는 제품을 고르는 게 좋다. 내 경우 처음에는 대중적으로 많이 사용하는 저렴한 기저귀를 사용했다. 어릴수록 자주 갈아줘야 해서 그런지 발진이 생기지 않아서 잘 쓰고 있었는데, 아이가 크면서 교체주기가 길어지고 여름이 되자 조금씩 발진이 생겼다.

그래서 조금 더 비싼 브랜드로 바꿔보았지만 역시나 잘 맞지 않았다. 몇 가지를 사용해본 후 중간 가격의 브랜드가 발진도 생기지 않고 괜찮아서 기저귀를 뗄 때까지 쭉 사용했다. 물론 아이가 쓸 제품이므로 유해성분이 없는지 확인하는 것은 필수다.

좋은 식재료를 합리적으로 구매하기

아무리 절약이 중요하다지만 아이가 먹는 것만큼은 아끼지 않으려고 하는 편이다. 매 끼니 유기농 식품만 먹일 수는 없어도 신선하고 좋은 재료를 구입하는 데에는 돈을 아끼지 않았다.

아이가 이유식을 시작하면 엄마는 정신없이 바빠진다. 하루 세 끼 이유식은 물론이고 간식까지 준비해야 하기 때문이다. 인터넷에서 이유식 조리법을 찾아보니 대부분 부드러운 소고기 안심을 이용한 것이 많았다. 그러나 뭔가 특별한 성분이 들어있어서 반드시 안심을 써야 하는 것은 아니고, 오히려 기름이 많은 부위는 아이에게 배탈을 일으킬 수 있다고 해서 대체할 만한 부위를 알아봤다. 그래서 내가 자주 사용한 부위는 우둔살과 정육점 사장님이 추천해주신 홍두깨살이었다.

마트에 가면 이유식용 다짐육을 판매하지만 같은 부위인데도 단지 이유식용이라는 이유로 가격이 훨씬 비쌌다. 그래서 나는 정육점에서 살 때 갈아달라고 한 후 소분해서 사용했다. 닭고기 안심은 씻어서 힘줄과 속껍질을 분리한 다음 소분하는데, 워낙 부드러워서 덩어리째 익힌 후 주걱으로 섞으면 되기 때문에 다질 필요가 없다. 쌀도 처음에는 소분된 이유식용 쌀을 이용했다. 그러다가 어느 정도 익숙해진 후에는 우리가 먹는 흰쌀을 믹서에 살짝 갈아서 사용했다. 아이가 크면 쌀을 갈 필요도 없어진다.

돈을 아끼려면 직접 만들어서 먹이는 게 유리하지만, 나는 시판 이유식도 종종 구매했다. 특히 집안 행사 같은 곳에 아이와 함께 갈 때는 멸균 후 진공 포장된 시판 이유식을 보냉백에 넣어 가는 게 깔끔하고 안심이 되었다.

<u>아이의 건강은 무조건 돈보다 우선이어야 한다고 생각한다. 그래서 이런 항목에 대해서는 예산만 넘어서지 않는다면 그때그때 융통성 있게 지출하는 것이 스트레스 없는 육아를 위한 방법이다.</u>

아이 옷이나 장난감은 중고도 괜찮다

옷이나 장난감은 먼저 결혼한 지인들에게 물려받아 쓰는 편이다. 아기들은 금방 자라서 한 철 입고 나면 옷이 작아지기 때문에 물려받는 옷도 거의 새것이나 다름이 없다. 이런 옷들을 입히면 일 년에 아이 옷을 사게 되는 횟수가 현저하게 줄어든다.

간혹 작아진 아이 옷들을 나에게 보내주면서, 헌 옷이라 미안하게 생각하는 지인들도 있다. 실제로 남이 쓰던 물건은 받기 싫다는 사람들도 있는데, 개인마다 생각이 다를 테지만 나는 그런 것에 별로 개의치 않는다. 깔끔하고 잘 맞기만 한다면 무슨 문제인가 싶다. 오히려 나는 이렇게 옷을 보내주는 친구들이 고마워서 과일 같은 것을 선물로 보내줄 때도 있다.

아이들마다 발 모양새가 달라서인지 아니면 브랜드마다 규격이 조금씩 다른 건지 신발은 같은 사이즈라도 물려받아 신기기가 쉽지 않다. 그래서 신발은 매장에 가서 이것저것 신겨보고, 구입은 좀 더 저렴한 인터넷 사이트를 이용하는 편이다.

장난감은 물려받기도 하지만 중고거래도 이용한다. 예를 들어 걸음마 보조기가 필요하다고 생각했을 때는 당근마켓에서 걸음마 보조기 겸용 붕붕카를 만 원에 구매했다. 아이가 잘 걷게 되었을 때는 다시 당근마켓에 8,000원에 올려 팔았다. 결론적으로 우리 아이는 2,000원에 잘 이용한 셈이다.

진짜 붕붕카를 사줄 때가 되었는데 이번에는 당근마켓에서 적당한 것을 찾기가 어려웠다. 그러다가 어느 날 아파트 경비실 옆에 멀쩡한 붕붕카가 놓여 있었다. 경비아저씨가 날 보자마자 "이거 멀쩡한데 누가 버린다네!" 하셨다. 일단 가져와서 깨끗이 닦고 있는데 옆에서 아들이 얼른 내놓으라며 성화다. 물기를 닦아내기가 무섭게 올라타더니 열심히 거실을 돌아다녔다.

아이들 장난감은 플라스틱으로 만들어진 것이 많은데 요즘 장난감은 내구성이 좋기 때문에 중고라고 해도 멀쩡한 경우가 많다. 환경보호에도 도움이 된다는 생각에 나는 가능하면 중고거래를 활용하려고 한다. 요즘에는 이런 생각을 하는 사람들이 점점 늘어나는 것 같아 다행이라고 생각한다.

아이를 위한 소비 vs 엄마를 위한 소비

엄마들 사이에 '육아는 아이템발'이라는 말이 있을 정도로 좀 더 편한 육아를 돕기 위한 상품이 무척 다양하게 나와 있다. 어떨 때는 나조차도 '저건 정말 사고 싶다'는 생각이 들기도 하지만, 지금까지 경험을 통해 느낀 것은 육아용품을 절대로 미리 준비해 둘 필요가 없다는 것이다.

아들 하나를 키우고 있는 내가 육아 베테랑이라고 하긴 어렵지만 필요하다고 느낄 때 주문해서 늦은 적은 없었다. 가격은 엄청 비싼데 사용은 별로 하지 않게 되어서 차라리 그 돈으로 더 좋은 음식이나 사다 먹일 걸이라고 생각하게 되는 적도 많다.

정말 어려운 것은 아이가 사달라고 조르는 것을 매몰차게 거절하는 일이다. 하도 졸라서 결국 사준 장난감도 막상 갖고 놀다 보면 곧 시들해지고, 다시 새 장난감을 사달라고 조르기를 반복하는 게 아이들이니까 말이다. "그 장난감은 안 돼"라고 말하면 아들은 매번 "안 돼? 이거 비싸?"라고 물어본다. 그러면 "비싸서 그런 건 아니고, 네가 아직 가지고 놀 나이가 안 됐어"라든지 "집에도 비슷한 게 있잖아"라고 설명해주지만 별로 귀담아듣는 것 같지 않기는 하다. 매번 또 사달라고 하는 걸 보면.

눈에 넣어도 안 아픈 아이가 그렇게 갖고 싶다는데 거절하는 것은 매번 어려운 일이다. 하지만 어릴 때부터 갖고 싶은 물건을 다 사주면 아이에게도 좋을 것이 없다고 생각하며 꾹 참는다. 차라리 그 돈을 잘 모으고 불려서 아이가 컸을 때 더 큰 도움을 주자고 말이다.

나보다 먼저 아이를 낳아 키우고 있는 분들의 이야기를 들어보면 아이가 학교에 다니기 시작하고 학년이 높아질수록 해줘야 할 것들이 많아진다고 한다. 그중에는 음악이나 운동을 전공한다고 할까 봐 겁난다는 분도 있었다. 하고 싶다는데 원 없이 지원해줄 수 있으면 좋겠지만, 주요 과목 학원비만으로도 빠듯한 부모 입장에서는 속상할 수밖에 없다고 말이다.

지금의 나는 아이가 공부를 잘하든 못하든 주변에 휘둘려 '학원 뺑뺑이'를 돌리는 일은 하지 않겠다고 마음먹고 있지만, 막상 정말 그럴 수 있을지는 장담할 수 없는 일이다. 게다가 아이가 스스로 하고 싶은 공부가 있다고 하면 아낌없이 지원해주고 싶은 게 당연하지 않을까? 그러기 위해서는 아직 아이가 한 살이라도 어릴 때 준비해야 한다는 생각이 든다.

고작 장난감 하나 사달라고 했다고 이런 거창한 생각까지 하느냐는 분도 있을지 모르겠다. 하지만 돈을 어떻게 쓰고 관리할 것인지에 대한 교육은 어릴 때부터 차근차근

이뤄져야 한다고 생각한다. 엄마인 나부터 그렇게 살아가는 모습을 직접 보여주는 것만큼 좋은 교육은 없다는 생각도 하고 있다. 그래서 아직 어린 아이일지라도 불필요한 소비는 하면 안 된다는 것을 확실히 알려주려는 것이다.

예쁜 옷을 입히고, 좋은 장난감을 사주면서 당장 나의 만족감을 채울 수도 있다. 하지만 그 돈을 잘 불려서 아이에게 넘겨주는 것이야말로 좋은 부모의 역할이라는 생각으로 오늘도 나는 마음을 다잡는다.

놀이처럼 즐겁게, 꾸준히 계속하기

스마트폰 앱 중에서는 여러 가지 방식으로 리워드를 제공하는 것들이 있다. 이렇게 푼돈을 모으는 것을 일명 '앱테크'라고 하는데, 나도 심심할 때 게임처럼 꾸준히 참여하고 있는 앱테크가 몇 가지 있다.

심심할 때 해보는 쏠쏠한 앱테크

예를 들어 운동화로 유명한 N브랜드 앱에서는 매일 출석체크를 하면 50포인트씩을 주는데, 이것을 마일리지로 전환해서 제품을 구매할 수 있다. 얼마 전에는 이 방식으로 4만5,000원짜리 아이 샌들을 2만5,000원에 구매했다. 과거보다는 혜택이 줄어들었지만 어쨌든 같은 제품을 싸게 사는 건 마찬가지라서 기분은 좋다.

화장품은 주로 B포인트 앱을 활용한다. 제휴사 포인트로 전환해서 쓸 수도 있고, 각종 이벤트로 포인트를 모을 수도 있다. 이 포인트는 주로 로드샵인 I브랜드 매장에서 사용하고 있다. 과거에는 나도 고가 화장품에 관심이 많았지만, 같은 라인의 스킨과 로션과 크림은 어차피 같은 성분이라는 사실을 알게 된 후부터는 스킨과 로션만 쓰되 양을 넉넉히 바르는 편이다. 여기에 기능성 화장품을 하나씩 추가하기 때문에 화장품 비용이 적게 드는 편이고, 그러다 보니 포인트가 더욱 유용하게 활용된다.

식품회사가 운영하는 J샵에서는 매일 룰렛게임을 한다. 게임 결과에 따라 포인트를 지급받는 게임인데, 이것을 적립금으로 모아서 제품을 구매할 수 있다. 나는 주로 식초나 식용유를 구매할 때 이 포인트를 사용한다. 우리 집은 계란프라이나 볶음요리를 자주 해 먹기 때문에 식용유 소비가 꾸준하지만, 식용유가 다 떨어져 갈 때쯤 J샵 앱의 적립금을 이용하면 500밀리리터짜리 식용유 세 병 세트를 1,000원에 살 수 있다.

양조식초 역시 네 통을 1,000원에 살 수 있다. 나는 과일이나 채소를 씻을 때 식품세정제 대신, 그리고 빨래할 때 섬유유연제 대신 식초를 사용하기 때문에 식초 사용량이 많지만 이렇게 사두면 꽤 오래 사용할 수 있다. 일정 금액 이하로 구매하면 배송비가 추가되지만, 이 앱에서 받는 '비타민'이라는 것을 무료배송 쿠폰으로 교환하거나 가끔은 룰렛게임에서 무료배송 쿠폰이 나올 때도 있다.

앱테크를 하다 보면 종종 "그렇게까지 해야 하느냐"고 말하는 사람도 있다. 솔직히 앱테크를 통해 아낄 수 있는 금액은 얼마 되지 않는데 그걸 하나하나 다 챙겨야 한다는 게 더 귀찮다고 말이다.

당연히 이것을 절약의 주요한 방법으로 추천하기에는 효율성이 떨어지고, 나 역시 앱테크를 적극적으로 권하는 편은 아니다. 다만 나는 이런 것이 놀이처럼 재미있다. 심심할 때 SNS를 열어보듯이 가끔 이런 앱을 한 번씩 들어가면 한 푼 두 푼 쌓이는 재미가 쏠쏠하게 느껴질 때가 있다. 절약도 투자도, 뭐든지 즐겁고 재미있는 게 최고다.

중고마켓에 재미를 붙여보자

비슷한 의미에서 중고마켓 거래도 쏠쏠한 재미를 준다. 집안 정리를 하다가 필요 없어진 물건은 중고마켓에 한 번 올려보는 것이다. 물건을 버리려면 종량제봉투값도 들어가니 단돈 1,000원이라도 받으면 그냥 버리는 것보다는 이득이라는 생각이다.

물론 중고거래는 어디까지나 재미로 해야지, 이것을 사업처럼 생각하면 곤란하다. 버릴 바에는 싸게 넘긴다는 생각으로 하는 게 적당하다고 본다. 얼마 전에는 안 쓰는 반려견 밥그릇을 중고마켓에 올리려고 '반려견 밥그릇'을 검색해보니 가장 낮은 가격이 4,000원이었다. 그래서 나는 2,000원에 올렸고, 그날 바로 거래가 됐다. 가격을 높게 매겨서 오래 가지고 있으니, 어차피 처분하려던 것 빨리 판매하는 편이 후련하다.

이렇게 소소한 팁들은 일상에 재미를 주는 요소들이다. 물론 이렇게 아껴진 돈들은 모두 공동 통장으로 들어간다. 심심할 때마다 한 푼 두 푼 모은 돈으로 맛있는 커피라도 한 잔 하게 된다면 좀 더 여유로운 마음으로 종잣돈 모으기에 임할 수 있지 않을까.

절약은 습관이다. 한 번에 바짝 조였다가 지쳐 포기하는 것보다는 이런저런 절충안을 사용하면서 '꾸준히' 하는 게 더 좋다. 우리가 노력하는 것은 부자가 되겠다는 목표에 한 발씩 다가가기 위함이지, 나와의 싸움에서 이기기 위한 극기훈련이 아니다. 즐겁고 재미있게, 나에게 잘 맞는 종잣돈 모으기를 계속 찾아보자. 꾸준히 하기만 한다면 언젠가는 성과가 돌아온다.

미니멀 라이프와
제로 웨이스트

　호텔에 가면 마음이 편한 이유는 아마도 공간이 주는 쾌적함 때문일 것이다. 그리고 그 쾌적함은 꼭 필요한 만큼의 적은 물건이 주는 빈 공간에서 나온다. 그런 느낌이 좋아서 나는 살고 있는 집에도 살림살이를 최소화하려고 노력하는 편이다. 그 덕분인지 우리 집에 놀러 오는 사람들은 종종 '모델하우스 같다'는 이야기를 하곤 한다.

　나는 미니멀리스트까지는 아니지만, 원래부터 자질구레한 물건이 쌓여있는 것을 좋아하지 않았다. 게다가 반강제로 미니멀 라이프를 추구해야 하는 상황이기도 했다.

신혼 때는 원룸에 살았고, 아이를 키울 때에도 18평짜리 원베이(1-bay)아파트에서 강아지까지 데리고 살았기 때문이다. 좁은 집이다 보니 수납공간이 턱없이 부족했고, 물건이 조금만 늘어도 금세 좁고 답답해진다. 그런 스트레스 때문에 자연스럽게 정리하는 법과 미니멀 라이프에 관심을 갖게 된 것이다.

미니멀 라이프는 소비 습관과도 밀접한 관련이 있다. 꼭 필요한 최소한의 물건만 소유하는 생활태도가 미니멀 라이프의 기본이다 보니 가능하면 물건을 새로 사지 않으려고 노력하게 된다.

즐겨보던 TV프로그램 중에 〈닥터하우스〉라는 것이 있었는데, 시청자의 집을 정리해주는 프로그램이었다. MC였던 서장훈 씨가 자주 했던 말이 있다.

"우리가 사는 집을 평당 2,000만 원이라고 가정했을 때 물건을 쌓아두느라 사용하지 않는 공간이 두 평이라면 결국 4,000만 원을 버리는 셈이다."

굉장히 공감가는 말이었다. 집이 좁으니 더 넓은 집으로 이사를 가야 한다며 없는 돈 때문에 괜히 조급해할 게 아니라, 정리를 잘 하는 것이 집을 넓게 쓰는 더 현실적인 방법일 수 있다. 그렇지만 정리라는 게 아무리 잘 해봤자 물건들을 테트리스 하듯이 잘 쌓아놓는 게 최선이고, 어느새 물건들은 다시 나와 돌아다닌다. 그러면 스트레스를 받고, 다시 정리하는 데 시간을 낭비하는 패턴이 반복된다. 결국 비우는 것 말고는 답이 없음을 깨닫게 되는 것이다.

미니멀 라이프를 실천하면 절약은 덤으로 따라온다. 무언가를 사기 전에 '이 물건이 꼭 필요한가'를 신중히 따져보게 되기 때문이다. 그러면서 웬만하면 기존에 있던 물건으로 대체하는 방법을 연구하게 된다. 자주 쓰지 않는 토스트기를 구매하기보다 기름 없는 프라이팬에 식빵을 굽는 식으로 말이다.

물건을 비워내는 과정은 꽤 고통스럽다. 쓰지는 않지만 버리자니 아까운 물건들이 수없이 많기 때문이다. 하지만 최근 1년간 쓰지 않은 물건이라면 앞으로도 사용할 일이 거의 없을 것이다. 그런 생각으로 냉정하게 정리하다 보면 생각보다 버려야 할 것들이 많다는 걸 깨닫고, 이걸 어떻게 버려야 할지 까마득해지는 경험을 하게 된다. 역시 애초부터 사지 않는 게 정답이다.

절약 그 이상의 가치

최근 환경에 대한 관심이 늘면서 '제로 웨이스트(Zero Waste)' 운동이 활발해지고 있다. 제로 웨이스트란 재사용을 통해서 상품이나 포장재 등이 폐기물로 버려지는 것을 최소화하자는 운동이다. 나 역시 제로 웨이스트로 관심이 확장되면서 불필요한 소비에 대한 반성이 더욱 커지고 있다.

은근히 신경이 많이 쓰인 곳은 화장실이었다. 선반에는 비누, 샴푸, 린스, 헤어트리트먼트, 바디워시, 바디로션 등 엄청나게 많은 제품이 있고 여기에 아이용은 따로 있다. 화장실 한 켠이 플라스틱 통으로 가득해질수록 뭔지 모르게 답답하고 스트레스가 쌓이는 기분, 한 번쯤 느껴보셨을 것이다. 어떻게 하면 저 수많은 플라스틱 통에서 벗어날 수 있을까 고민했는데, 답은 결국 최소한의 소비를 하는 것이었다. 그래서 생각한 방법이 얼굴과 몸에 모두 사용할 수 있는 '올인원 비누'였다.

예전에 천연 화장품을 잠시 만들어 사용해본 경험이 있었기 때문에 이번에도 수제비누를 직접 만들어볼까 생각했다. 하지만 재료를 소량으로 구매할 수 없다 보니 여러 개를 만들어야 하고, 그러면 제품 하나당 비용은 아낄 수 있을지 몰라도 한 번에 무시 못할 비용이 나가게 된다. 게다가 수제비누는 방부제를 넣지 않으니 잔뜩 만들어두고 쓸 수도 없는 노릇이다.

그래서 올인원 비누를 검색하다가 적당한 제품을 발견했다. 화장품 회사에서 만드는 뷰티바인데 보통 비누와 달리 약산성이라 피부에 좋다고 한다. 성분도 좋아서 아이가 쓰기에도 무난하고, 가격도 괜찮아서 우리 집은 이 비누 하나로 온 가족이 사용하고 있다. 비용도 비용이지만 플라스틱 쓰레기 배출이 줄어들어서 좋고, 화장실이 깔끔해진 것은 덤이다.

인생의 모든 것을 돈으로만 환산하면 사는 게 참 고달플지 모른다. 절약하는 것도 마찬가지다. 한 푼 두 푼 악착같이 아껴서 얼른 부자가 되어야 한다는 생각만 하다 보면 금방 지치고 스스로 초라하다는 느낌을 받기 쉽다.

하지만 <u>절약이라는 것은 더 많은 가치를 포함하는 개념이다. 작게는 종잣돈 마련을 통한 우리의 안정된 미래를, 그리고 크게는 후손에게 물려줄 전 지구적 차원의 철학을 포함한다.</u> 그래서 나는 절약을 실천하는 사람에 대한 평가가 좀 더 높아져야 한다고 생각하는 사람이다.

남들과 비교할 필요 없다

돈을 모은다는 것은 다이어트와도 같다. 장기전이 될 수밖에 없고, 쉽게 요요현상이 오기도 한다. 그래서 조급한 마음에 무리를 하거나 쉽게 포기해서는 안 된다.

나는 이제 겨우 종잣돈을 모아볼까 하는데 다른 사람들은 벌써 투자로 얼마를 벌었다고 하면 마음이 조급해질 수밖에 없다. 그래서 적은 돈이나마 이것저것 알아보고 닥치는 대로 투자를 해보다가 별다른 성과는 얻지 못한 채 금세 지쳐버릴 수 있다. 그래서 나는 공돈 통장을 만들든, 본인의 용돈을 책정하든 숨 쉴 구멍을 만들어두는 게 꼭 필요하다고 조언하는 것이다.

가장 큰 복병은 스스로의 마음이다. '내가 이 정도도 못하고 사나'라는 생각이 들면 한없이 억울해진다. 반면에 '지금 당장은 이 정도만 하고, 나중에 더 크게 보상받자'라는 마음을 먹는다면 어느 순간, 아마도 여러분의 생각보다 더 빠른 시일 내에 하고 싶은 것들을 마음껏 하면서 살 날이 올 것이다. 그날을 앞당기는 것은 순전히 본인 몫이다. 그렇지 않으면 '내가 이 정도도 못하고 사나'가 평생 갈 수도 있다.

재미있는 것은 자산에 여유가 생기고 나니 오히려 남들에게 어떻게 보일지에 대해 별로 신경 쓰지 않게 되더라는 것이다. 여전히 한 달에 60만 원으로 생활하면서 절약을 실천하는 것은 마찬가지인데 마음이 다르다. 이제는 '비싸서 못 산다'가 아니라 '굳이 안 사도 된다'로 바뀌면서, 당장 남들에게 부자처럼 보이는 것보다는 불어나는 자산을 지켜보는 것이 백 배 천 배 더 즐겁다는 것을 깨달았다.

　남들과 비교할 필요 없다. 이 책을 읽고 있는 지금 당장은 사는 게 좀 힘들지 모른다. 하지만 절약으로 모은 돈을 잘 불릴 수 있다면 가까운 미래에는 '부자처럼 보이는' 사람이 아닌, 내실이 꽉 찬 '진짜 부자'가 될 수 있을 것이다.

PART 3
투자하지 않는 종잣돈은 의미가 없다

가장 큰 리스크는
아무것도
하지 않는 것

어렸을 때부터 자주 했던 생각 중 하나가 '세상 살기 참 힘들다'였다. 가난이라는 것이 단순히 돈이 부족하다는 것을 넘어 서글픈 일을 겪게 만든다는 걸 자주 경험한 탓이다. 그나마도 어른이 되고 나니 어릴 때의 생각이 얼마나 치기 어린 것이었는지를 새삼 깨닫게 됐다. 어릴 때 내가 느꼈던 힘듦이나 서글픔은 사실 아무것도 아니었음을, 부모님들의 어깨는 나와는 비교도 안 될 만큼 무거웠다는 걸 비로소 체감하면서부터다.

가난에서 벗어나려고 열심히 공부해서 대학에 갔고, 스

펙을 쌓아 취업을 했고, 드디어 월급이라는 것을 받으며 안정을 찾는 듯 싶었다. 하지만 월급쟁이의 삶은, 특히 나중에 결혼하여 워킹맘이 된다면 그 삶은 결코 안정적일 수 없다는 것을 깨닫는 데 그리 오래 걸리지 않았다.

어디 그뿐인가. 어쩌다 보니 외벌이 상태에서 결혼생활을 시작하게 됐고, 그나마도 6,000만 원의 신용대출이 없었으면 불가능했다. 재취업을 위해 노력했지만 그것이 내 맘대로 당장 되는 것도 아니다. 그런 상황에서 내가 할 수 있었던 것은 오직 절약, 그리고 저축뿐이었다.

생각만 한다고 부자가 될 수 있을까

문제는 저축만으로는 30년이 지나도 내 집 한 칸 마련하기가 어려울 게 분명하다는 사실이다. 빠듯한 살림에 아이까지 키우고 나면 우리 부부는 늙어서도 여전히 생활비 1~2만 원을 아끼기 위해 고군분투해야 할 것이고, 죽는 날까지 그렇게 하루하루 버티다가 눈을 감게 될 것 같다는 생각에 등골이 서늘해지곤 했다. 내가 생각해 온, 그리고 우리가 생각하는 인생은 그런 것이 아니지 않은가.

거듭 말하지만, 절약만으로는 절대 원하는 만큼 자산을

불릴 수 없다. 그래서 규모가 적든 크든 반드시 재테크를 병행해야 하는 것이다. 투자하지 않는 종잣돈은 아무 의미가 없다. 다행스럽게도 늦기 전에 그 사실을 깨달은 덕분에 나는 부동산과 주식을 통해 1,300만 원의 종잣돈을 6년 만에 순자산 10억 원으로 불릴 수 있었다.

사실 요즘처럼 부동산이나 주식이 갑자기 뛴 세상에 '순자산 10억 원이 뭐 대단하다고…'라고 생각하는 분도 분명히 계실 것이다. 나 역시 스스로를 전문가라 하고 싶지는 않다. 다만 주어진 환경이 어렵다고 지레 포기하는 분들에게 도움이 되고 싶은 마음에 내 경험을 나누려는 것뿐이다. 누군가는 처음부터 몇억 원의 종잣돈을 쥐고 시작하지만, 누군가는 나처럼 그야말로 한 푼도 없이 시작하기도 한다. 자산이 불어나는 속도는 당연히 큰 차이가 있을 수밖에 없다.

10억 원의 순자산을 저축으로만 모으려면 1년에 2,000만 원씩 저축해도 50년이 걸린다. 우리 부부가 계속 똑같은 방식으로 살았다면 죽을 때까지 절대 만질 수 없는 금액이었을 것이다. 하지만 절약과 함께 열심히 투자를 병행한 결과 1,300만 원은 2년이 지나자 1억 원으로 불어

있었고 4년이 지나자 6억 원으로, 6년이 지나자 다시 10억 원으로 빠르게 불어났다. 자산의 성장 속도에 점점 가속도가 붙는다는 말은 사실이었다.

그렇기 때문에 초반의 어려운 시절을 버텨내는 게 정말 중요하다. 절약으로 종잣돈을 만드는 시간은 정말 길고 힘들고 지루하지만, 그 시간은 결코 헛되이 버리는 시간이 아니라는 걸 기억해야 한다.

당장 투자할 돈이 없어도 관심의 끈을 놓지 말고, 계속 공부하면서 종잣돈을 모아야 한다. 그래야 기회가 왔을 때 망설임 없이 붙잡을 수 있다.

한 가지 알아주었으면 하는 것은 내가 굳이 '자산'이 아닌 '순자산'을 이야기하는 이유에 대해서다. 수많은 재테크 강의나 책에서는 부채까지 포함한 전체 자산으로 성과를 이야기하는 경우가 많다. 하지만 그것은 정확한 상황을 보여주기 어렵다고 생각하기 때문에 나는 늘 순자산을 기준으로 내 상황을 설명한다. 그냥 자산이라고만 하면 대출 등의 부채까지 모두 포함하지만 순자산은 전체 자산에서 부채를 뺀, 그야말로 진짜 내 돈이다.

물론 회계학에서는 부채도 자산이라고 하고, 나 역시

대출 등의 레버리지를 적극 활용하긴 한다. 하지만 스스로의 상황을 정확하게 파악하기 위해서는 부채가 포함되어 부풀려진 자산보다는 진짜 내 돈인 순자산을 보는 것이 좋다고 생각한다.

준비하고 있으면 기회는 반드시 온다

나는 첫 투자를 부동산으로 시작했고 지금은 주식 투자에 집중하는 중이지만 환율이나 금 투자 등 다양한 분야에 관심이 많다. 환 투자를 본격적으로 하는 것은 아니지만 미국 주식에 투자할 때 중요하게 체크하면서 환차익을 누리고 있다. 금 투자 역시 수수료를 떼면 실익이 별로 없기 때문에 현물투자는 하지 않지만 나중에 상속이나 증여에 유리할 수 있어서 꾸준히 관심을 갖고 있다.

어떤 방식으로 재테크를 하느냐보다 중요한 것은 실행력이 아닐까 싶다. '부자가 되고 싶다'라는 생각을 아무리 절실하게 하고, 투자 공부를 아무리 열심히 해도 그것을 실행하시 않으면 돈을 벌 수 없기 때문이다.

나는 2020년 봄부터 부릿지 회원들에게 단돈 몇십만 원이라도 주식에 투자해보라는 이야기를 수없이 했다. 하지만 당시는 코로나19 사태로 인해 주가가 곤두박질치던 상황이었기 때문에 선뜻 주식을 매수하는 사람은 몇 명 되지 않았다.

실제로는 하지 않으면서 입으로만 "지금 주식에 투자하라"라고 말할 수는 없는 노릇이다. 그래서 부릿지 회원들을 독려하는 동시에 나 역시 본격적으로 주식 투자에 뛰어들기 위해 가입하고 있던 예·적금을 모두 해지했는데, 그중에는 요즘 같은 저금리 시대에 보기 드문 금리 5%짜리 특판 상품도 있었다.

가입할 당시 온라인 접속도 잘 안 될 만큼 인기 있는 상품이어서 해지하려니 아까웠지만, 그만큼 주식에 대한 확신이 있었기 때문에 과감하게 해지를 했다. 여기에 고이 간직해두었던 금붙이와 아이 돌반지까지 모두 팔아서 주식을 샀다. 결과는? 약 반년 만에 특판 적금의 이자와는 비교도 안 되는 수익률을 거둘 수 있었다.

지금도 나는 종잣돈을 모으기만 하지 말고 어느 정도 모이면 반드시 투자를 시작하라고 조언하곤 한다. 그럴 때마다 "이제는 투자를 시작하기에 너무 늦은 것 아니냐"라며 조급해하는 분들을 꼭 만나게 된다. 남들은 이미 부동산으로, 주식으로 얼마를 벌었다는데 나는 그동안 무엇을 하고 있었는지 자괴감이 들지만, 그렇다고 지금 투자를 시작하자니 '끝물'에 들어가서 손실만 입게 되는 건 아닌지 겁이 나는 것이다.

하지만 투자에 있어서 가장 큰 리스크는 바로 아무것도 하지 않는 것이라고 생각한다. 만약 내가 좁고 추운 원룸에 살 때 주식이든 부동산이든 아무것도 할 생각을 못 하고 그저 바라만 보았다면 어땠을까? 그때 나는 종잣돈은커녕 빚만 가지고 있었고, 투자에 대한 지식과 경험이 풍부했던 것도 아니다. 그런 나도 6년 만에 순자산 10억 원을 돌파했다. 그러니 여러분도 충분히 할 수 있다.

다만 이것만큼은 주의했으면 좋겠다. '초심자의 행운'이라는 말이 있다. 뭐든지 처음 시작할 때 운 좋게 돈을 벌게 되는 경우가 많다는 의미이다. 어디서도 당당히 말할 수 있을 만큼 주식 공부를 열심히 했지만, 나 역시 어느 정도 초심자의 행운을 누렸다는 생각은 든다. 무엇보다도 시장 흐름이 너무 좋았다. 초보 때는 누구나 실수를 하기 마련인데 그때는 시장이 바닥이라서 뭘 사도 오르는 상황이었기 때문에 큰 손해를 보지 않을 수 있었던 것이다.

처음 투자했는데 돈을 벌면 그것이 내 실력 덕분이라는 자만에 빠지기 쉬운데, 초심자는 바로 이것을 가장 경계해야 한다. 부동산이든 주식이든, 투자에서는 자만하는 순간 모든 것을 잃을 수도 있으니 말이다.

당신이 아무것도 가진 게 없고 지식도 부족한 상태라면 지금 당장 시작해야 할 일은 부동산을 사거나 주식을 사는 게 아니다. 공부를 하면서 안목을 키우는 것, 그러면서 종잣돈을 모으는 것이 먼저다. 조급해 할 필요가 전혀 없다. 기회는 어느 때고 반드시 돌아오기 때문이다. 지금부터 잘 준비하고 있다가 그 기회가 왔을 때 꽉 움켜쥐기만 하면 된다. 딱 한 번의 기회만 잘 잡아도 인생의 방향성을 바꾸는 데에는 충분하다.

1,300만 원으로
첫 번째
아파트를 샀다

나의 첫 번째 부동산 투자금은 1,300만 원이었다. 결혼 후 원룸에서 살면서 광명시 하안동의 소형평형 주공아파트에 전세로 옮겨가자며 악착같이 돈을 모으던 때였다.

그때는 그것이 얼마나 절실한 꿈이었는지, 밤에 잠이 오지 않을 때면 네이버부동산에서 그 아파트의 평면도를 찾아보면서 이 집으로 이사 들어가면 가구 배치를 어떻게 할지 상상하며 하루의 고단함을 이겨내고 있었다. 그렇지만 그런 희망을 무참하게 부숴버린 것은 하루가 멀다 하고 오르는 전세가였다.

아무리 열심히 저축해도 집값이 오르는 속도를 따라잡을 수가 없다는 것을 깨달았을 땐 눈앞이 깜깜해지며 주저앉을 수밖에 없었다.

그랬던 내가 저축의 목표와 방향성을 바꾸게 된 것은 앞에서 이야기한 적 있지만 우연히 발견한 블로그 덕분이었다. 인연이 닿아 지금은 친한 친구로 지내고 있는 풍백 님의 하안주공아파트 투자 이야기를 보면서 심장이 두근거렸고, 그때부터 나의 저축 목표가 바뀌었다. 이제는 저축을 위한 저축이 아니라 투자를 위한 저축, 즉 종잣돈 마련으로 방향이 바뀐 것이다.

나의 첫 번째 아파트 매입 이야기는 이 책의 앞부분에서 다루었으니 여기에서는 간단히 이야기하려고 한다. 요약하자면 우리는 광명시 철산역 인근의 17평형 구축아파트를 전세세입자를 낀 상태에서 매입했다. 그 결과 우리의 실제 투자금은 약 1,300만 원이 들어갔다.

그렇게 처음으로 내 명의의 부동산 계약서를 쓴 날 '날아갈 것 같은 기분이라는 게 이런 뜻이구나'를 몸소 느낄 수 있었다. 일주일 정도는 입이 귀에 걸린 채 지낸 것 같다.

좋은 중개사를 만나야 하는 이유

하지만 그 과정은 순탄치 않았다. 우리는 계약할 때 계약금을 지불한 후 잔금을 치르기 전에 전세세입자를 먼저 구하고, 그 전세세입자가 우리에게 줄 보증금으로 잔금을 납부할 생각이었다. 그런데 얼마 후 부동산 중개소에서 우리에게 "중도금을 넣어달라"는 연락이 온 것이다.

안 그래도 돈이 없어서 전세보증금으로 잔금을 납부하기로 한 마당에 중도금을 달라니? 중개소 사장님께 사정을 이야기하고 매도자에게 이야기 좀 잘 해달라고 부탁을 드렸지만, 사장님은 "중도금은 무조건 넣으셔야 한다"고 딱 잘라 말했다.

본래 중도금은 무조건 넣는 게 아니라 매수인과 매도인이 합의해서 조율하는 것이다. 하지만 부동산 매수 경험이 없었던 나는 냉정한 중개사의 말을 무조건 따라야 하는 줄 알고, 깊은 고민 끝에 결국 보험약관대출을 받아서 중도금을 넣었다. 이 돈은 나중에 전세세입자가 구해지면서 받은 보증금으로 반환될 수 있었다.

부동산 투자에서 나와 잘 맞는 중개인을 만나는 것은 정말 중요한 일이다. 그때의 중개인은 내가 어설픈 '부린이_(부동산+어린이, 부동산에 익숙지 않은 초심자)'라는 걸 눈치챘는지 내 의견을 좀처럼 반영해주려고 하지 않았다. 잔금 납부 전에 전세세입자를 서둘러 구해야 하는데 그마저도 계속 늦어졌다.

나중에야 그 이유를 알게 됐다. 중개수수료에는 업계에서 쓰는 용어로 이른바 '양타'와 '단타'가 있는데, 양타란 중개인 한 명이 매수인과 매도인 혹은 임대인과 임차인을 연결해주고 수수료를 양쪽에서 받는 것을 말한다. 그리고 단타는 공동중개를 통해서 매수인은 내 손님, 매도인은 다른 부동산 손님으로 계약해서 각자의 손님에게만 수수료를 받는 것을 말한다.

중개인 입장에서는 단타보다 양타의 수익이 크지만, 그러려면 자신이 의뢰받은 매물을 다른 곳과 공유하지 않고 혼자만 갖고 있어야 한다. 그럴 경우에는 아무래도 손님을 구하는 데에 시간이 오래 걸릴 수밖에 없는데, 그때의 중개인도 양타에 욕심을 냈던 것이다.

이러다가는 잔금일까지 세입자를 구하지 못할 것 같아서 결국 내가 직거래 사이트를 통해 직접 세입자를 구해서 데려갔고, 중개인에게는 중개수수료 대신 계약서 작성비

10만 원만 지급한 후 계약을 했다.

 우여곡절을 겪으며 많은 것을 경험하게 해준 첫 투자 물건이었지만, 다행히 매수하자마자 시세가 상승했다. 일주일마다 500만 원씩 올라있는 걸 보고 있자니 밥을 안 먹어도 배가 불렀다. 기쁘면서도 한편으로 이런 생각이 들었다.

 '월급으로 1,000만 원을 모으려면 1년이 걸리는데, 부동산에 투자를 하니 한 달만에도 가능하구나.'

 아침 일찍 출근해서 밤늦게까지 야근을 하고, 주말에는 파김치가 된 몸을 추스르며 집안일도 하고, 행사도 치르고…. 그렇게 하루하루 바쁘고 힘들게 살아가는 보통 사람들의 모습이 더욱 서글프게 느껴졌다. 역시, 절약만으로는 답이 없다.

 이 아파트는 2년 후 매도해서 양도차익 4,500만 원, 세금이나 필요경비를 뺀 순수익 3,800만 원을 얻게 해준 고마운 물건이다. 여기에 원래 투자금 1,300만 원을 합하니 5,100만 원의 현금이 내 손에 들어왔다. 이것은 향후 투자에 요긴하게 쓰였다.

꼼꼼히 분석하고 과감하게 결정하자

사실 첫 번째 부동산 투자는 공부를 확실하게 해둔 상태에서 시작했다기보다는 다소 즉흥적으로 결정한 것이긴 했다. 물론 이사를 가고 싶어 오랜 시간 지켜보았기 때문에 완전히 '묻지마 투자'는 아니었고, 오랜 시간 전세가격이 오르는 추세를 지켜봐왔기 때문에 지금보다는 떨어지지 않을 거라는 확신도 있었다. 하지만 매물이 나왔을 때 이걸 사야겠다는 결정 자체는 다소 즉흥적으로 한 것이었다.

그때 우리는 종잣돈에 여유가 있었던 게 아니라 딱 투자금만큼만 가지고 있었기 때문에 전세보증금 날짜를 제대로 맞추지 못한다면 크게 낭패를 볼 수도 있었다. 실제로 갑자기 중도금을 달라는 요구를 받았을 때에도 최후의 수단이라 생각했던 보험약관대출로 해결해야 했기 때문에 그만큼 스트레스가 컸던 것도 사실이다.

하지만 그때 과감하게 투자를 단행하지 않았다면 이후에도 계속 망설이게 되었을지 모른다. 그때의 경험으로 얻은 자신감 덕분에 다음 투자부터는 조금 더 과감하게 결정할 수 있었으니 말이다.

지금도 같은 생각이지만 투자에서 가장 중요한 것은 실행에 옮기는 것이다. 다만 그것은 무조건 지르고 보는 식의 무모함이 아니라, 평소에 꾸준히 준비하고 공부함으로써 얻게 되는 확신에 의한 것이어야 한다.

대출을 겁내면
안 되는 이유

첫 번째 투자는 나에게 여러모로 큰 의미가 있었다. 저축의 목적을 전환하게 된 계기였고, 자산을 빠르게 모을 수 있다는 자신감을 불어넣어 주었다. 그리고 또 한 가지 중요한 것은 레버리지 활용에 대한 관점을 바꿔주었다는 점이다. 한 번 투자를 하고 나니 세상이 다른 시각으로 보이기 시작했는데 그중에서도 특히 달라진 게 레버리지, 즉 대출에 대한 생각이었다.

주택을 매입할 때 이용할 수 있는 레버리지는 대표적으로 두 가지인데 하나는 주택담보대출을 받는 것이고, 다른 하나는 전세세입자를 들임으로써 보증금을 활용하는 것이다. 첫 번째로 매수한 아파트는 후자에 해당한다. 처음이라서 주택담보대출을 받기가 왠지 무서웠고, 대출이자를 내지 않아도 된다는 장점 때문에 선택한 방법이었다.

그런데 일단 내 집을 한 채 가져보고 나니 대출에 대한 두려움도 줄어들었다. 게다가 주택담보대출을 활용하면 이자는 나가지만 세입자가 없으니 우리가 그 집을 활용할 수 있게 된다. 즉, 실제 입주가 가능한 것이다.

아파트를 한 채 갖게 되긴 했지만 우리는 여전히 원룸에 살았고, 있는 돈 없는 돈 다 끌어모아서 투자를 했으니 더욱 열심히 아끼고 살아야 하는 상황이었다. 그렇지만 이제는 레버리지를 활용할 수 있다는 자신감이 생겼고, 진짜로 이사를 가야겠다는 생각을 하게 됐다.

그래서 원룸의 전세보증금 6,000만 원, 그리고 가능한 주택담보대출 금액을 모두 고려하여 부천의 18평형 아파트를 매입하게 됐다. 그것이 앞에서 이야기했던 우리의 두 번째 보금자리였다. 우리가 이이를 낳아 키우며 알콩달콩 안정적인 삶을 꾸리게 해주고, 매도할 때는 시세차익까지 안겨준 고마운 집이었다.

원금상환은 꼭 해야 할까

대부분의 사람들은 대출을 두려워한다. 대출을 안 받고 살 수 있는 상황이라면 당연히 좋겠지만 그런 사람이 과연 몇이나 될까 싶다. 꼭 투자에만 해당되는 이야기도 아니다. 나 같은 경우만 해도 대학교는 학자금대출로 다녔고, 신혼집 원룸은 신용대출로 구했으니 말이다.

하지만 그중에서 '원금을 상환하는 대출'과 '이자만 내는 대출'을 구분하는 일은 중요하다고 생각한다. 자본주의 사회는 말 그대로 자본을 활용해서 수익을 내는, 즉 돈이 돈을 버는 사회다.

이런 상황에서 대출은 무조건 받지 말아야 한다거나 받더라도 서둘러 빨리 갚아버려야 한다고 생각할 게 아니라 '이자만 내는 대출'을 잘 활용해서 자산을 늘릴 방법을 고민하는 것이 무척 중요하지 않을까 싶다. 1년에 수천억 원의 이익을 창출하는 기업들도 부채비율이 꾸준히 유지된다는 것은 눈여겨볼 만한 내목이다.

가끔 종잣돈이 모이지 않는다고 고민하는 분들이 있다. 이런 분들의 가계부를 살펴보면 소득은 상당한데 지출이 많아서 그런 경우도 있지만, 의외로 대출원리금을 갚느라 그런 경우도 꽤 많다. 비싼 주택을 구입하느라 대출원리금 금액도 많은 경우라면 어쩔 수 없지만, 가장 안타까운 경우는 30년 만기로 천천히 갚아도 될 주택담보대출을 10년 만기로 짧게 잡아놓은 탓에 그만큼 대출원리금이 많은 상황이다.

단순히 계산했을 때 5억 원이라는 돈을 10년 만기로 상환하려면 매년 원금만 5,000만 원씩 갚아야 하지만, 30년 만기로 상환하면 매년 1,700만 원 정도씩만 갚으면 된다. 물론 이자금액은 만기가 길수록 늘어나겠지만 그래도 당장 원리금을 갚는 것보다는 현금흐름을 유지하기가 수월할 것이다.

지긋지긋한 대출을 빨리 갚아버리고 싶은 마음은 이해한다. 대출을 받았다면 언젠가 원금을 모두 상환하는 것도 당연한 일이다. 하지만 그 시기를 너무 짧게 잡으면 당장 생활비가 빠듯해지고 종잣돈 마련도 어려워진다. 주택담보대출로 산 주택은 어디 도망가는 게 아니다. 그 집을 계속 보유하면서 죄대한 친천히 갚을 수 있다면, 그 돈을 모아서 차라리 다른 곳에 투자하는 게 자산을 불리는 현명한 방법이 아닐까.

이자비용 vs 기회비용

얼마 전 친동생이 분양권 상태에서 매수해둔 아파트가 완공되어 입주를 했다. 분양권일 때 받은 중도금대출은 잔금대출로 전환되었다. 동생이 앞으로 이 돈부터 열심히 갚겠다고 하길래, 나는 일부만 상환하고 나머지는 종잣돈으로 따로 모아두라고 조언했다. 구체적으로는 중도상환수수료가 없는 금액까지만 대출을 상환하고, 나머지는 이자만 내는 상태로 유지하라고 말이다.

주택담보대출은 상품에 따라 중도상환수수료라는 것이 있다. 만기가 되기 전 원금을 상환할 경우에 약정된 수수료를 납부하는 것인데, 대출 상품에 따라 조건이 다르다. 계산을 해보니 동생이 원금을 미리 상환할 때 내야 하는 중도상환수수료는 끝까지 대출을 유지할 때 내야 하는 이자와 크게 차이가 없었다. 그래서 굳이 중도상환수수료를 내가면서 원금을 상환하기보다는 그 돈을 모아서 나중에 더 좋은 집으로 갈아탈 때 쓸 종잣돈으로 활용하라고 한 것이다.

"저희는 내 집 마련을 했으니 평생 이 집에서 살 생각이에요. 그러면 이자비용을 줄이는 게 더 낫지 않나요?"

이렇게 생각하는 분들에게도 같은 조언을 해드리고 싶다. 지금은 그렇게 생각할지 몰라도 앞으로 어떻게 될지는 모르는 일이기 때문이다. 내 집 한 채를 마련했다고 그 집에서 평생 사는 경우는 현실적으로 드물다. 아이의 학교나 직장 출퇴근, 또는 부모님이나 기타 여러 가지 이유로 중간에 이사를 하는 경우가 많다. 이럴 때 종잣돈과 레버리지를 잘 활용해서 더 좋은 주택으로 옮겨가는 것만으로도 자산이 불어나는 경험을 하게 될 것이다.

반대로 한 아파트에만 오래 살다보면 자산 상승효과는 매우 적다. 어느 시점까지는 가격이 오르던 아파트도 몇 년이 지나서 낡은 아파트 취급을 받고 주변에 새 아파트들이 생기면 가격이 정체하는 시기가 오기 때문이다. 이럴 때 원리금만 갚고 종잣돈을 모아두지 않으면 더 좋은 아파트로 옮겨가기가 쉽지 않고, 그러면 마지막엔 낡은 아파트 한 채만 남게 된다.

물론 모든 투자를 대출로만 감당하는 것은 곤란하다. 대출을 활용하는 것에는 그만큼의 책임이 뒤따르기 때문이다. 제대로 된 투자를 하지 못해서 오히려 이자비용을 내느라 돈을 다 써버린다면 생활이 어려워질 것이다.

그래서 투자의 기본은 첫째도 공부, 둘째도 공부라는 것이다. 그 공부에는 대출과 금리에 대한 것도 포함되니까 말이다.

부동산 투자처를 찾는 나만의 기준

투자에는 자기만의 기준을 만드는 것이 무척 중요하다. 기준이 없으면 단기간의 조정이 올 때 '더 큰 하락이 오는 건 아닐까' 하며 마음이 흔들릴 수 있다. 그때를 견디지 못하고 보유한 자산을 싸게 팔아버리면 그대로 손해는 확정되어 버린다. 반대로 투자의 기준과 원칙이 분명한 사람은 잠깐의 조정기를 꿋꿋하게 버틸 수 있고, 결국 달콤한 수익을 거둘 수 있을 것이다.

가끔 재테크와 절약에 대한 강의를 할 때가 있는데, 수강생들에게 많이 받는 질문 중에 하나가 어떤 기준으로 투자할 지역이나 아파트를 선정하느냐는 것이다. 여러 가지 요소가 있지만 내가 생각하는 중요한 것들을 몇 가지 이야기해보려고 한다. 주로 적은 돈으로 부동산 투자를 하기 위해 고민을 거듭하면서 세웠던 기준들이다.

포인트가 있다면 많이 오를 곳보다는 떨어지지 않을 곳을 중심으로 분석했다는 점이다. 힘들게 모은 1,300만 원으로 투자를 해야 하는데, 워낙 적은 금액이라서 한 번 실패하면 재기하기 어렵다는 생각이 들었다. 그래서 반드시 수익이 발생할 수밖에 없는 투자처를 찾아야 했던 것이다.

물론 세상에는 나보다 훌륭한 부동산 투자자들이 많고, 그만큼 다양한 투자의 기준이 있겠지만 여기에서는 초심자의 입장에서 한 번쯤 참고해 보면 좋을 이야기를 중심으로 풀어보려고 한다.

어떤 지역에 투자할 것인가

나는 기본적으로 수도권 및 광역시, 지방의 대표 도시 등 인구 규모가 일정 수준 이상인 지역부터 분석한다. 그중에서 향후 몇 년간 아파트 입주물량이 지속적으로 부족할 것이라 예상되는 곳, 그리고 지난 몇 년간 지역경기가 침체되었거나 입주물량이 많아서 아파트 가격이 낮아져 있는 곳이 우선 분석 대상이다. 구체적으로 어떻게 분석하면 되는지를 이 책에서 다 설명하기엔 지면의 한계가 있으니, 시중에 나와있는 다양한 재테크 책들과 강의를 참고하면 좋을 것 같다.

큰 도시를 중심으로 투자를 진행한 이유는 기본적으로 인구가 받쳐줘야 수요가 충분하다고 생각했기 때문이다. 인구가 적은 지역은 한두 건의 거래만으로도 아파트 시세가 출렁거리는 것처럼 보일 수 있다. 반대로 인구가 충분한 도시라면 일정수준 이하로 아파트 가격이 떨어지지는 않을 가능성이 크다.

이렇게 여러 도시를 분석하다 보면 투자를 하고 싶어도 투자금이 부족해서 안타까운 지역이 많아진다. 그렇다고 해도 지속적으로 모니터링하면서 해당 지역의 흐름을 예의주시할 필요가 있다. 나중에 투자금이 늘어날 때를 대비하는 것이기도 하고, 일종의 모의투자 훈련이기도 하다. 계속 지켜보면서 내 예상대로 상승하는지 아니면 하락하는지, 하락했다면 어떤 요인이 있었는지 알아보는 식으로 공부했던 것이 내게는 무척 도움이 되었다.

시간이 지난 후에는 반대로 다른 투자자들이 진입을 망설이는 소도시에 투자해서 만족할 만한 수익을 거두기도 했다. 지식과 경험이 쌓이면서 지역을 분석하는 안목이 넓어진 덕분이다. 이렇게 경험이 누적되다 보면 남들과는 다른 나만의 기준이 하나씩 생겨날 것이라고 생각한다.

어떤 아파트에 투자할 것인가

관심 지역이 좁혀지면 좀 더 자세하게 분석을 시작한다. 아파트 투자는 기본적으로 일자리, 학군, 교통 등 입지가 제일 중요한데 입지가 좋은 곳일수록 비싼 곳인 경우가 많다. 이른바 지역의 '대장 아파트'인 것이다.

대장 아파트는 그 지역을 판단하는 기준이 된다. 시장이 움직이면 가장 먼저 시세가 변하는 곳이기 때문이다. 따라서 인근 아파트의 매매가 및 전세가 추이, 전세가율, 거주자들의 소득 수준, 생활 인프라 등을 분석할 때 이러한 대장 아파트를 기준으로 삼으면 투자할 만한 아파트 단지의 리스트를 만드는 데 큰 도움이 된다. 여기에 호재나 재개발 및 재건축 진행 현황 등을 더해서 종합적으로 분석하면 좋다.

이런 내용을 자세히 다루는 책이나 인터넷 자료들이 많이 있으므로 여기에서는 생략하도록 하겠다.

언제 투자할 것인가

투자할 만한 아파트의 리스트가 만들어지면 이제는 지속적인 모니터링을 통해 투자할 타이밍을 노린다. 이때 눈여겨봐야 할 자료는 해당 지역의 아파트 매매거래량 추이, 미분양물량 감소 추이, KB 주간주택시장동향자료(KB 시세 시계열표) 및 한국부동산원 주간아파트동향자료(한국부동산원 시계열표) 등 각종 통계자료들이다. 이런 자료를 찾아보는 방법은 역시나 인터넷 검색을 통해 자세히 알 수 있으므로 이 책에서는 생략하도록 하겠다.

중요한 것은 꾸준히 추세를 확인하는 것이다. 아파트 매매거래량이 눈에 띄게 많아지거나, 미분양물량이 감소하거나, 상승률이 확대되는 모습을 확인하는 것이다. 시간을 두고 같은 지역과 단지를 계속 살펴보면 어느 순간 흐름이 눈에 들어오기 시작한다.

그러다가 '이제 상승할 때가 되었다'고 판단되면 바로 임장, 즉 현장조사에 나선다. 신기한 것은 이런 지역일수록 거의 예외 없이 다른 투자자들이 이미 다녀갔다는 이야기를 듣게 된다는 것이다. 이 지역의 상승을 예상한 투자 고수들이 먼저 찾아와서 급매물을 모두 사간 것이다.

그렇다고 한 발 늦었다며 안타까워할 필요 없다. 선(先)진입이 중요한 게 아니라 앞으로 가격이 오르는 게 더 중요하기 때문이다. 어쩌면 초보자들에게는 시세가 오르는 것을 확인한 후에 매입하는 것이 좀 더 안전한 투자가 될 수도 있다.

임장을 통해 입지와 분위기 등을 직접 확인한 후 확신이 들면 그 지역에 투자를 진행한다. 나의 경우는 임장을 가서 좋은 매물이 나와 있으면 바로 계약을 하는 경우가 종종 있다. 그러다보니 많은 분들이 내가 충동구매를 한다고 오해하실 수도 있는데, 사실은 그 반대다.

임장을 가기 전에 이미 시세와 입지를 충분히 분석해놓고, 투자할 만한 아파트의 리스트를 만들어 두고, 가격의 추세가 움직이는 걸 본 상태에서 현장을 방문하기 때문이다. 이미 분석은 다 끝났고 눈으로 확인만 하면 되기 때문에 그 자리에서 결정을 할 수 있는 것이다.

절대 조급하면 안 된다

중요한 것은 '나의 기준'에 따라서 투자를 해야지 중개소 사장님의 기준에 따르면 안 된다는 것이다. 가끔 중개소 사장님이 괜찮은 물건이라고 추천해주기도 하는데, 투자 경험이 많지 않을 때에는 그럴수록 조바심이 생긴다. 지금 결정하지 않으면 안 될 것 같은 사장님의 말솜씨에 휘둘려서 그 자리에서 덜컥 매수하기도 한다. 특히 거리가 먼 지역에 임장을 가게 되면 다시 방문하기가 어려우니 내려간 김에 매수하자는 생각도 하게 된다.

하지만 그러다가 비싸게 매수를 하게 되는, 이른바 '호갱'이 되는 경우가 더러 있다. 투자할 때는 조급함을 버려야 한다. 지금 이 물건이 아니더라도 투자할 지역은 넓고 투자할 아파트는 많다는 생각으로 충분히 조사한 후에 결정을 내려야 호갱이 되지 않는다.

이미 충분히 조사를 한 후 매수를 하겠다는 마음을 반 정도는 먹고 찾아간 것이라면 현장에서 의사결정을 내리는 것도 충분히 가능하나. 그러니 매물이 없거나, 있더라도 생각했던 것보다 가격이 높은 경우가 많을 것이다. 이럴 때는 무조건 계약을 하고 오는 것보다는 중개소 사장님께 내가 원하는 가격대를 말씀드리고 "그런 매물이 나오면 연락 달라"고 당부한 뒤 물러나는 게 좋다.

이때 중요한 것은 집에 돌아온 후에도 지속적으로 중개소에 전화로 확인을 하는 것이다. 중개인 입장에서 생각해보면 한 번밖에 안 본 사람에게 급매물을 넘겨준다는 것이 당연히 말이 안 된다. 중개소를 방문하는 사람들 중에는 그냥 한 번 찔러만 보고 가는 뜨내기도 많기 때문이다.

하지만 내가 꾸준히 연락한다면 중개인은 이 사람이 가격만 맞으면 정말 매수할 의향이 있다는 것을 알게 되고, 급매물이 나왔을 때 연락을 줄 가능성이 높아진다. 그렇게 중개인으로부터 적당한 가격의 매물이 있다고 연락이 온다면? 등기부등본 상 문제가 없는지, 수리 상태가 어떤지만 간단히 확인한 후 매수하면 된다.

원하는 가격이 터무니없이 낮다면 당연히 적합한 물건이 없겠지만, 어느 정도 합리적인 가격이라면 분명 기회가 올 것이다. 내가 조건만 맞으면 바로 매수할 의지가 있다는 걸 보여주면 중개인은 그보다 조금 가격이 높은 물건이 나왔을 때 어느 정도 조정을 시도해주기도 한다.

만약 그 아파트를 아직 매수하지 못했는데 가격이 올라

버린다면 어떻게 할까? 돈을 조금 더 주더라도 서둘러 매수하는 것도 방법이지만, 나의 경우는 대부분 미련 없이 보내주는 편이다.

경험이 쌓일수록 투자할 물건은 앞으로 계속 나온다는 걸 깨닫게 될 것이다. 투자는 조급해하는 순간 이미 잃고 들어가는 게임이라는 걸 명심하자.

부린이라면
이것만은
기억하자

 직접 경험을 통해 얻는 통찰력은 무엇과도 바꿀 수 없는 소중한 자산이다. 그래서 나는 지금도 부동산 투자 관련 강의나 책을 많이 찾아본다. 보다 다양한 경험과 노하우를 알고 싶기 때문이다.

 이 책을 보시는 독자들에게 나의 투자 기준을 알려드리는 이유는 지금 막 부동산 투자를 시작했거나, 시작하기 위해서 공부하는 분들에게 도움이 되었으면 하기 때문이다. 초보자는 별 것 아닌 실수를 해서 크게 낭패를 보는 경우가 종종 있는데, 가능하면 그런 시행착오를 줄이는 데에 도움이 되었으면 좋겠다.

단, 이것을 참고하는 것으로 끝내지 말고 직접 경험을 해보시길 바란다. 나의 생각이 절대적 기준은 아니므로 각자의 상황에 맞게 달라져야 하기 때문이다.

모든 투자는 타이밍이 중요하다

'부동산은 장기적으로 우상향한다'는 말을 한 번쯤 들어보았을 것이다. 나도 그 말에 동감한다. 지방의 소도시는 잠시 제쳐두더라도 서울이나 수도권, 지방 광역시 등 일자리도 많고 생활 인프라도 좋은 지역의 아파트는 최소한 물가상승률만큼은 오른다는 것이 정설이다. 그중에서도 수요가 풍부한 24평형이나 33평형 아파트는 더욱 그렇다.

그러면 이런 아파트는 장기적으로 우상향하니까 아무 때나 사도 괜찮을까? 모든 투자가 그렇지만 아파트를 포함한 부동산 투자는 타이밍이 중요하다. 장기적으로는 우상향하겠지만 단기적 또는 중기적으로는 상승과 하락을 반복하기 때문이다. 이왕이면 중단기 상승장의 초반에 매수를 하고, 꼭지(상투)는 피해서 투자를 해야 수익률을 높일 수 있다.

예를 들어 2007년에는 서울과 수도권의 상승장이 절정이었다. 그때 수도권 아파트를 매수했다면 이후 꽤 오랫동안 아파트값이 조정을 받게 되면서 마음고생을 심하게 했을 것이다. 물론 그 시간을 버텼다면 지금은 회복했겠지만, 10년 가까이 버틴 시간을 생각하면 대가가 크다고 하기도 어려울 수 있다. 차라리 같은 기간 동안 그 돈을 다른 곳에 투자했다면 더 큰 수익을 볼 수도 있었을 텐데, 너무나 큰 기회비용을 지불한 것이다. 그나마 버티지 못하고 매입한 가격보다 싸게 매물을 던져버림으로써 큰 손실을 본 경우도 많을 것이다.

앞서 말했듯 아파트 시장은 장기적으로 우상향하지만, 중단기적으로는 상승과 하락의 사이클을 반복하기 때문에 어떤 시점에서 투자하느냐에 따라 수익을 극대화할 수 있다. 게다가 모든 지역이 똑같이 상승하고 똑같이 하락하지도 않는다. 지역에 따라 상승하는 시점과 하락하는 시점이 다양하게 나타나기 때문에 그 시점을 잡아내는 안목이 필요하다. 투자의 타이밍이 중요하다는 것은 바로 이런 뜻이다. 앞에서 시장의 흐름을 꾸준히 지켜보면서 '언제 투자할 것인가'를 결정하라고 했던 것도 같은 이유이다.

첫째도 입주물량, 둘째도 입주물량

부동산 투자할 때 가장 많이 듣는 말 중에 하나가 바로 "입주물량 앞에 장사 없다"라는 것이다. 부동산 가격도 결국 수요와 공급이라는 시장원리를 따른다. 구체적으로 말하면, 한 지역에서 집을 사려는 수요는 정해져 있는데 그보다 과도하게 주택이 많이 공급된다면 집값은 떨어질 수밖에 없다는 의미다.

공급이 많아지면 먼저 실거주자들이 찾는 전세가부터 하락을 하고, 전세가 하락이 지속되면 매매가도 하락을 하게 된다. 이렇게 매매가가 하락하기 시작하면 그 지역에서 부동산을 사려는 심리가 얼어붙어 버리는데, 그럴수록 사려는 사람은 더 줄어드는 악순환이 일어난다. 결과적으로 아파트값은 큰 폭으로 하락하는 것이다.

그렇기 때문에 부동산, 특히 아파트에 투자할 때는 해당 지역의 향후 입주물량을 반드시 체크해야 하고, 매수한 후에도 입주물량을 꾸준히 확인해야 한다. 이미 매수를 했는데 입주물량이 많아진다면 조금 일찍 매도하는 것을 고려하는 게 좋다.

새로 지어지는 대규모 단지가 입주를 시작하면 해당 지

역의 입주물량이 폭탄처럼 터지게 된다. 이런 지역은 해당 단지뿐만 아니라 인근의 다른 단지도 가격 하락을 면하기가 어렵다. 물론 입주물량은 시간이 지나면서 모두 소화될 것이므로 이 시기를 잘 견디면 다시 상승하기도 한다. 하지만 그때까지 시간이 오래 걸릴 수도 있기 때문에 차라리 손해를 보더라도 정리하고 다른 투자처를 찾는 것이 낫지는 않을지도 고민해봐야 한다.

전세보증금을 활용한 투자라면 더더욱 입주물량에 주의해야 한다. 입주가 많아지면 일단 전세기부터 하락하는데, 그러면 예상보다 투자금이 훨씬 더 많이 들어갈 수 있다. 특히 인구가 적은 지방의 경우에는 1,000세대 이상의 단지가 한두 곳만 입주를 시작해도 영향을 크게 받는다.

또한 입주물량을 분석할 때는 해당 지역만 볼 게 아니라 영향을 주고받는 주변 지역까지 함께 봐야 한다. 같은 생활권으로 묶인 도시라면 인근 도시의 입주물량에도 영향을 받기 때문이다. 예를 들어 경기도 부천시의 경우에는 부천시 자체의 입주물량뿐만 아니라 출퇴근이 가능한 인근의 광명, 김포, 시흥, 인천 부평구 및 서구 등도 함께 살펴봐야 안전한 투자를 할 수 있다.

호재에 집착하지 말자

가끔 호재에 집착해서 투자를 진행하는 분들이 있다. "○○시에 GTX가 연결된다니까 사둬야겠다"라는 식이다. 호재가 있는 지역에 투자하는 것은 분명 좋은 일이지만, 부동산은 기본적으로 미래의 호재보다는 현재의 입지가 먼저라고 생각한다. 호재는 있으면 좋고 없어도 괜찮은 '플러스알파'라고 생각하는 것이 안전하다.

호재라고 언급되는 것들이 실제로 진행되려면 상당한 시간이 소요되는 경우가 대부분이다. 요즘 한창 이야기되고 있는 GTX를 비롯해서 지하철 개통이나 고속도로 건설 등의 대형 호재에는 막대한 비용이 들어간다. 게다가 해당 지역주민들의 이해가 첨예하게 대립하기 때문에 하루아침에 이루어진다는 것이 애초부터 불가능하다.

그래서 호재만 보고 섣불리 투자를 했다가는 엄청난 기회비용을 지불할 수 있는 것이다. 호재에도 옥석을 가리는 것이 중요하다. 실현 가능성이 얼마나 되는지, 된다면 언제 실현이 될지, 실현이 되었을 때 실제로 주변 부동산에 긍정적 영향을 줄 것인지 등을 냉정하게 분석해야 한다.

개인적으로는 호재에 민감하게 반응하지 않는 투자 습

관을 기르는 것이 좋다고 본다. 앞으로 어떻게 될지 모르는 호재보다는 현재의 입지를 보며 투자하는 게 좀 더 안전하다고 보기 때문이다.

전세가율만 보고 투자하면 큰일난다

처음 투자를 시작하는 사람들, 특히 종잣돈이 적은 사람들은 전세가율이 높은 아파트 위주로 투자를 시작하는 경우가 많다. 전세가율이 높을수록 매입가에 비해 전세보증금을 높게 받을 수 있다는 뜻이고, 그만큼 나의 실투자금이 적게 들기 때문이다.

실제로 부동산 시장의 상승 초기에는 전세가가 높아지면서 매매가를 밀어올리는 패턴이 나타난다. 그래서 많은 부동산 재테크 책에서 '전세가율이 높은 아파트에 투자하라'는 조언을 하는 것이다. 지방 도시 중에는 전세가격이 매매가격과 비슷하거나 심지어 더 높은 곳도 있는데, 이런 곳에 투자하면 투자금이 오히려 남는 '플러스피' 투자도 가능하다. 그러다 보니 초보자일수록 전세가율 높은 지역으로 몰리게 되는 것이다.

나도 처음 투자를 시작할 때는 전세가율이 높은 아파트

단지 위주로 투자 물건을 찾은 적이 있다. 하지만 결과는 만족스럽지 못했다. 투자금이 적게 들어가는 데만 신경 쓰고 앞으로의 전망을 간과하다 보면 나중에 매매가격이 오르기는커녕 떨어지는 경우도 있기 때문이다. 산업 경기가 침체되어 일자리가 줄고 인구가 감소하는 지역, 향후 예정된 입주물량이 과도하게 많은 지역은 아무리 전세가율이 높아도 매매가격이 오르기 어렵다.

아파트 투자를 할 때 한 가지 요소에만 집착하면 안 된다고 본다. 아파트 가격에 영향을 미치는 다양한 변수들을 종합적으로 검토해서 투자 대상을 정해야 만족스러운 수익을 거둘 수 있다.

함부로 직장을 포기하지 마라

종종 이런 질문을 받는다. 직장을 다니면 도저히 부동산 공부를 할 시간이 안 나는데, 가족과 보내는 시간도 늘릴 겸 직장을 그만두고 본격적으로 투자를 하는 것에 대해 어떻게 생각하느냐고 말이다. 주로 어린 아이를 키우고 있는 맞벌이 부부의 여성분들이 이런 질문을 많이 하시지만, 어떤 경우든지 내가 해줄 대답은 똑같다.

"별로 좋은 생각 같지 않은데요. 젖은 낙엽처럼 회사에 딱 붙어 있다가 나가라고 할 때까지 다니세요."

부동산 공부를 할 시간이 없어서 직장을 그만둔다는 말은 달리 말하면 아직 공부를 더 해야 하는 상태라는 뜻이다. 그만큼 물건 고르는 안목도 부족할 것이므로 생각만큼 만족스러운 수익을 얻을 가능성이 적다.

특히 손해가 발생하면 회사에 다니느냐 그렇지 않느냐의 차이가 굉장히 크게 느껴질 것이다. 일정한 수입이 있다면 힘든 시기를 견디는 데 도움이 되기 때문이다.

부동산 투자에서 어느 정도 수익이 나려면 최소 2년은 걸릴 텐데, 그 기간 동안 고정수입이 갖는 의미는 매우 크다. 만약 2년을 기다렸는데도 예상했던 투자 수익을 내지 못할 경우 일정한 소득조차 없다면 현금흐름이 막힐 수 있고, 그 상태에서 생활비와 대출이자까지 감당해야 한다.

한때 무직인 상태에서 경매로 주택을 열 몇 채 낙찰받은 사람이 경락잔금대출 이자를 감당하지 못해 온 가족이 안타까운 선택을 했다는 뉴스가 보도되며 사람들에게 충격을 준 적이 있다. 그때는 부동산 투자를 전혀 몰랐던 시기라서 집이 그렇게 많다면 부자일 텐데 왜 생활고에 시달렸다는 것인지 잘 이해가 되지 않았지만, 아무리 자산이 많아도 부채를 감당하는 것은 전혀 다른 이야기라는 것을 이제는 잘 알고 있다.

게다가 투자의 중요한 수단인 대출을 생각하면 직장은 월급 그 이상의 의미가 있다. 대출이자를 고정적으로 낼 수 있는 월급이 있다는 사실도 중요하지만, 대출심사를 받을 때 직장은 아주 든든한 담보가 된다. 나처럼 직업이 없는 전업주부는 대출을 받기가 훨씬 까다롭기 때문이다.

아이와 보내는 시간을 늘리고 싶다는 말은 오히려 이해가 된다. 엄마 입장에서 맞벌이를 하면서 아이 키우기가 얼마나 고달픈지 잘 알기 때문이다. 그런데 주목해야 할 것은 실제로 직장을 그만두고 아이를 돌보는 엄마들 중 상당수가 나중에는 이제 아이도 좀 컸으니 조금이라도 고정수입을 만들고 싶다며 아르바이트를 찾는다는 점이다.

자칫하면 시간은 시간대로 많이 쓰면서 고정수입만 줄어드는 셈이 될 수 있다. 부동산 공부를 할 시간은 직장 다닐 때와 마찬가지로 부족할 테고 말이다.

같은 이야기를 여자분들뿐 아니라 남자분들에게도 해주고 싶다. 매월 고정적으로 월급이 들어온다는 것은 이래저래 굉장히 큰 도움이 된다. 그러한 장점을 무시한 채 회사를 그만두면 공부도 더 많이 할 수 있고 수익도 더 빨리 올릴 수 있을 거라는 막연한 생각은 하지 않았으면 좋겠다.

지금 당장은 힘들 더라도 직장 생활과 공부를 병행하며 투자하기를 권한다. 추후 자산이 어느 정도 늘어나고 충분한 경험과 실력이 쌓였을 때 전업투자자로 전향해도 늦지 않다. 전업투자자를 꿈꾼다는 것은 투자와 인생의 확실한 목표를 세운다는 점에서는 바람직할지 모르지만, 그 목표를 실현하기 위해 감수해야 할 리스크에 대해서도 충분히 생각해보았으면 한다.

투자 못지않게 중요한 내 집 마련

 나는 종잣돈을 꾸준히 모으면서, 어느 정도 모이면 투자를 해서 착실히 자산을 늘려왔다. 하지만 원룸을 탈출한 이후에는 딱히 살던 집을 옮길 생각은 하지 않았다. 18평에 불과한 낡은 아파트지만 원래부터 짐이 많지 않았고, 원룸에 살던 때를 생각하면 좁기는커녕 쾌적하다고까지 생각했다. 여윳돈이 있으면 투자를 해야지 깔고 앉아 있기는 너무 아깝다고 생각한 것도 사실이다.

 하지만 아이가 태어나자 짐이 하나둘 늘면서 넉넉하다고 생각했던 집이 점점 좁아지기 시작했다. 육아용품은 하나같이 왜 그리 부피가 큰지, 필요한 것만 사는 편인데도 워낙 작은 평수의 집이라 좁은 것은 어쩔 수 없었다.

더구나 우리 집에는 반려견도 있기 때문에 아기와 반려견을 분리해놓으려면 개집과 울타리도 필요했다. 어느 순간부터 좀 더 큰 집으로 이사를 가야겠다는 생각이 들기 시작했다.

그러다가 잊고 있던 분양권 투자가 생각났다. 분양권에 대해서는 부동산 투자를 시작한 초기부터 관심이 많았지만 한 번도 실행해보지는 못했다. 당연한 말이지만 돈이 없었기 때문이다. 아파트 청약에 당첨이 되면 일단 분양가의 10%를 계약금으로 내야 한다. 분양가가 5억 원이라면 5,000만 원을 계약금으로 내야 하는 것이다. 초기 투자금이 10%밖에 들지 않기 때문에 분양권 투자가 좋다는 분도 많았지만, 그 정도의 돈도 없었던 우리한테는 오히려 전세보증금을 이용한 갭투자가 더 효율적이었다.

우리 수준에서는 당장 투자할 수 없는 분야라고 생각은 했지만, 뭔지는 알아두자는 생각으로 분양권 투자 고수로 유명한 해안선 님의 정규강의를 들었다. 몇십만 원씩 하는 수강료는 당시 우리 형편에서는 꽤 부담스러운 지출이지만, 공부나 자기계발은 미래를 위한 투자라고 생각하기 때문에 다른 지출에 비해 관대한 편이다. 누군가가 수많은 시행착오를 겪으며 알아낸 것들을 편하게 앉아서 배우는데 그 정도 비용은 당연하다고 생각한다. 나 역시 좋은 강의를 듣고 실제로 자산까지 늘어났으니 그때 지출한 강의료가 지금 생각해봐도 전혀 아깝지 않다.

멀고도 험한 분양권 당첨의 길

임신 중에는 현기증이 심해서 지하철을 타지 못했지만 출산 이후에는 그럭저럭 견딜 만했다. 분양권 강의를 들을 당시는 아기 낳은 지 3개월이 좀 안 되었을 때라 몸이 푸석푸석하고 기력이 달렸지만 주말마다 부천에서 강남으로 수업을 들으러 갔다. 새로운 걸 배운다는 생각에 가슴이 두근거려서 그랬는지 몸은 힘들어도 기분은 좋았고, 남편에게는 조금 미안하지만 솔직히 육아에서 벗어날 수 있어 기분전환도 되었다.

아무리 좋은 수입과 훌륭한 강사를 통해 방법을 배웠더라도 그것을 훈련하지 않으면 소용없다. 혼자 하는 것이 어렵다면 같은 수업을 들었던 동료들과 함께 스터디 모임이나 임장 모임을 만드는 것도 방법이다.

임장을 함께 할 동료와 일정이 맞지 않을 때는 남편과 함께 다녔는데, 아들이 세 살 전까지만 해도 순둥이였기에 가능했던 일이다. 친정엄마에게 부탁을 하거나 그것도 안 되면 아기를 데리고 다녔다. 지금에야 하는 말이지만, 자동차도 없이 아기를 안고 모델하우스를 돌아다니는 건 정말 보통 일이 아니다.

한 번은 추운 겨울날 동탄의 한 모델하우스에 아기를 데리고 간 적이 있었다. 마침 동생이 쉬는 날이어서 갈 때는 차를 태워주었지만, 그 다음부터가 문제였다. 아들이 10개월 정도 되었을 때였는데, 잘 먹다 보니 몸무게는 돌쟁이 정도의 우량아였다. 해당 모델하우스는 주변시세보다 가격도 저렴하고 입지도 좋아서 인기가 많았기 때문에 대기하는 사람이 많았다. 아기가 있어서 다행히 한겨울에 모델하우스 밖에서 줄을 서지 않아도 되었지만, 내부에서는 그런 혜택 없이 줄을 서야 했다.

실내는 따뜻했지만 아이를 안은 남편도, 안겨있는 아이도 엄청 고생을 했다. 그날따라 유독 아이가 보채고 울었다. 사람은 많고, 겨울이라 옷은 두껍고, 몇 시간을 아기띠에 매달려 흔들렸으니 그럴 수밖에…. 온 가족이 고생하면서 유닛 구경에 상담까지 마치고 나오니 하루가 꼬박 지나갔다. 그날 밤 아이는 결국 독감에 걸렸다. 밤새 고열이 나는 아이를 지켜보다가 해가 뜨자마자 아기를 안고 대학병원 응급실로 달려갔다. 그 후로도 일주일을 더 앓았던 아이가 제일 고생이었고, 간호하는 나도 미안함과 걱정스러움에 진이 다 빠졌다.

그 고생을 해서 다녀왔는데 당첨이 됐다면 얼마나 좋았을까. 어찌나 인기가 좋은 단지였는지 당첨은커녕 미계약분이 나왔다는 소식조차 듣지 못했다. 그 후로도 근처에 분양하는 아파트가 있으면 다시 모델하우스로 달려갔지만, 결국 하나도 당첨되지 못했다.

분양권 투자에서는 이런 일이 다반사다. 넘치는 의지와 달리 청약에 당첨되는 것은 하늘의 별 따기처럼 어려웠다. 처음엔 청약만 넣으면 바로 당첨될 것 같아서 이왕이면 제일 선호도 높은 타입만 골라서 청약했는데, 나중에는 눈높이를 점점 낮춰서 비선호 타입에 넣어도 당첨이 되질 않았다. 대체 누가 당첨되는 걸까? 그 사람들은 전생에 큰 덕을 쌓았거나 조상님이 돕는 게 아닐까 생각하곤 했다.

남들이 외면하는 미계약분을 노려라

그러던 중에 재개발이 진행 중인 광명뉴타운의 분양 소식이 들려왔다. 비록 우리는 광명시 거주자가 아니었지만 그때까지는 광명이 지금처럼 뜨거운 지역이 아니었기 때문에 타지역 거주자에게도 청약기회가 주어진다고 했다. 냉큼 청약을 넣었지만, 이번에도 당첨은 되지 않았다.

하지만 아직 끝난 것은 아니었다. 정당계약까지 마무리가 된 후 남은 미계약분 물량이 꽤 많이 나온 것이다. 아직 광명의 가치를 아는 사람이 그렇게 많지는 않았던 때였다.

사람 마음이라는 게 참 재미있다. 분양권에 도전하면서 계속 떨어지다 보면 비선호 타입도 좋으니 제발 당첨만 되었으면 하고 바라게 된다. 그러다가 덜컥 당첨이 되면 이번에는 좋아하기보다 당첨된 아파트에 대한 안 좋은 이야기가 귀에 더 잘 들어오는 것이다. '인기가 없으니 내가 당첨이 됐구나! 덜컥 계약했다가 괜히 손해만 보는 게 아닐까?' 하고 겁을 먹으면서 계약을 포기하는 경우가 생기는 것이다. 그래서인지 분양 경쟁률이 낮은 단지일수록 미계약분도 더 많이 나오는 편이다. 당시의 광명뉴타운도 그런 경우였다.

당장 미계약분 추첨을 위해 모델하우스로 달려갔다. 청약 열기가 뜨거운 요즘은 온라인으로 접수를 받고 추첨을 하지만 그때는 모델하우스에서 현장 추첨이 이뤄졌다. 사실 이런 기회를 노리는 사람들에게는 현장 추첨이 더 유리하다. 간편한 온라인 추첨과 달리 직접 모델하우스까지 가는 것은 생각보다 쉽지 않기 때문이다. 거리가 멀거나 날씨가 안 좋으면 오지 않는 사람들도 늘어나기 때문에 경쟁률은 그만큼 낮아진다. 그래서 나는 현장 접수가 진행되는 날은 날씨가 나쁘기를 바라곤 했다.

결과는 기쁘게도 당첨! 우리가 계약한 것은 전용면적 49㎡였는데 판상형에 남향 고층, 구조는 방 세 개짜리의 '쓰리베이(3-bay)'였다. 더 큰 평형이었다면 좋았겠지만 남은 것이 내가 선호하지 않는 타입의 저층 물건 하나뿐이어서 포기했다. 평형이 작은 것은 아쉽지만, 그래도 이미 이 지역을 자세히 공부해두었던 나는 불안하기는커녕 날아갈 듯 기분이 좋았다.

가장 먼저 한 일은 우리 아기를 꼭 안아준 것이다. 사람 많은 모델하우스에서 몇 시간이나 대롱대롱 매달려 있느라 고생한 우리 아기에게 고맙다고, 이게 다 우리 복덩이 아들 덕분이라고 말하며 꼭 안아주었다. 함께 고생해준 남편에게 고마운 것은 두말할 필요도 없다.

그 아기가 쑥쑥 자라서 유치원에 들어갈 무렵 아파트가 완공되었고, 우리는 얼마 전 새 아파트로 입주해서 생활하고 있다.

서울에 내 집을 마련하다

이후 분양권 몇 개를 더 갖게 되었지만 그중에서 행운으로 얻은 것은 하나도 없다. 당첨될 수 있는 조건을 최대한 맞추고, 당첨이 못 되면 프리미엄을 얹어주고 사는 방법은 없을지 연구하면서 쫓아다닌 끝에 얻게 된 결과물이다.

2년 후에 실입주를 계획하고 있는 서울의 아파트도 그렇게 매수했다. 광명의 분양권을 갖게 된 후에도 계속해서 분양권에 관심을 두었는데, 그 와중에 내가 살던 부천에서도 고층 주상복합아파트의 분양 소식이 전해졌다.

공개된 분양가는 7억 원을 넘었는데 그때만 해도 분양가가 너무 비싸다는 말이 많았다. 하지만 분석을 해보고 실제 방문도 해보니 분명히 시세가 더욱 상승할 것이라는 생각이 들었기 때문에 나는 당해, 즉 해당 지역에 거주하는 사람들은 당첨이 좀 더 유리하다는 점을 활용해서 청약을 넣어 볼 계획이었다.

얼마 후 부동산 투자에 관심이 많은 지인들도 이 주상복합아파트의 모델하우스를 구경하러 온다고 했다. 오랜만에 얼굴도 볼 겸 함께 모델하우스를 둘러보았고 카페테리아에서 이런저런 이야기를 나누게 되었다.

부천에 분양한 아파트뿐만 아니라 다양한 정보가 오고 가던 중에 동작구에 분양하는 아파트 이야기가 나왔다. 최초에 공개된 분양가가 비싸다고 생각해서 크게 관심을 두지 않고 넘겼던 곳인데 생각해보니 그곳도 7억 원을 조금 넘는 수준이었다.

분양가가 비싸다고 생각한 사람들이 나 말고도 많았던 것인지, 아니면 같은 날 주목을 끌었던 청약 단지가 두 곳이나 더 분양을 시작한 탓인지 그 아파트에 미계약분이 꽤 나왔다는 것이다. 그날 밤 침대에 누워있자니 문득 이런 생각이 들었다.

'부천의 주상복합이 7억 원에 분양하는데, 서울 동작구에 분양하는 아파트가 7억 원이면 이제는 상대적으로 싸진 것 아닌가? 내가 서울에 아파트를 가지려면 모두가 주목하는 아파트는 당첨되기가 어려울 테니, 남들이 관심을 안 가져서 나오는 미계약분을 계약하는 것밖에는 방법이 없을 것 같은데….'

해당 아파트는 하필 목동과 고덕의 주목받는 단지들과 분양 시기가 겹치고, 건설사도 서울에는 처음 진입하는 지방 건설사인 탓에 상대적으로 관심에서 밀려나 있었다. 조금 떨어진 곳에 중국인 거주지역이 있다는 것도 청약 경쟁률이 낮아진 이유일 수 있다.

하지만 2호선과 신안산선이 만나는 더블 역세권에 위치하기 때문에 입지는 참 좋은 곳이다. 게다가 동작구는 최근 투기과열지역에서 투기지역으로 규제가 강화된 구역이다. 정부가 규제를 강화하는 데에는 다 그만한 이유가 있다. 누가 봐도 가격이 오를 지역이라는 걸 정부가 공인해준 셈이랄까?

이것저것 다양한 상황을 따져본 결과 이 아파트가 7억 원보다 오르면 올랐지 떨어질 일은 없을 거라는 확신이 생겼다. 지금이야 재개발이 한창 진행중이라서 이 지역이 볼품없어 보일지 모르지만 인근의 재개발 사업들이 마무리되어 대규모의 새 아파트단지가 들어서면 분위기는 전혀 달라질 것이다. 결국 나는 부천의 주상복합아파트 대신 동작구 미분양 아파트에 도전하기로 했다.

해당 아파트를 계약하는 데에는 분양가의 10%에 해당하는 계약금과 옵션비용 10%를 포함해서 약 7,400만 원이 필요했다. 그동안 모아둔 종잣돈과 남편의 대출 등을 활용해서 계약금을 치렀다. 이렇게 우리는 별다른 출혈경쟁 없이 서울 아파트의 주인이 될 수 있었다.

이 아파트는 아직 입주가 시작되지 않았고 입주 전 분양권을 전매할 수도 없는 투기지역에 속해 있기 때문에 실제로 이뤄진 거래가 거의 없다. 그래서 정확한 시세를 알 수는 없지만 인근 아파트의 최근 시세가 엄청나게 올랐다는 점을 고려해보면 이 아파트도 14억 원 정도에 매도가 가능할 것이라고 추정된다.

아직 끝난 것이 아니다. 시기와 상황에 맞게 서울 안에서도 더 좋은 곳으로 계속 옮겨가기 위한 프로젝트는 여전히 현재진행형이다. 그밖에도 우리는 월세를 받기 위한 소형아파트에 투자를 했고, 직접 거주할 수는 없지만 시세 상승이 예상되는 지방 아파트 역시 투자를 위해 매수했다. 자산을 불리기 위한 부동산과 실거주를 위한 부동산을 동시에 매입하면서 균형을 잡아가려고 노력 중이다.

투자를 안 해도 부동산은 알아야 하는 이유

비좁은 원룸에서 시작했던 우리는 작은 구축아파트를 마련해서 아이를 낳아 길렀고, 이제는 좀 더 넓어진 새 아파트에 살고 있다. 어른들이 말씀하시는 '작게 시작해서 넓혀가는 재미'가 쏠쏠하다.

넓은 집에 대한 욕심은 별로 없는 편이라서 중대형아파트를 사고 싶다는 생각은 아직 없지만, 그래도 집이 넓어지니 좋은 점이 분명 있다. 예전 집은 여유 공간이 별로 없어서 아들이 마음껏 붕붕카를 타기도 어려웠고, 거실을 겸하는 큰방에서 장난감을 늘어놓고 놀면 발 디딜 틈이 없었다. 몸이 좋지 않아도 침대가 있는 작은 방에서는 아이가 보이지 않으니, 그럴 때는 장난감들 사이를 비집고 겨우 누워서 쉬곤 했다.

그렇게 지내왔던 우리가 거실이 따로 있는 방 세 개짜리 아파트를 대궐처럼 넓게 느끼는 건 당연하다. 이제 아들은 거실을 빙빙 돌며 신나게 붕붕카를 타고, 장난감을 거실에 뿌려놓아도 답답하지 않다. 아이도, 나도, 남편도 그리고 우리 강아지도 여유로운 공간을 맘껏 누리고 있다. 내후년에 이사 갈 서울 아파트는 지금보다 평형이 더 큰데 그러면 대체 얼마나 넓을까, 방이 하나 남을 테니 서재로 꾸며보면 어떨까, 그나저나 청소하기가 너무 힘들어지는 건 아닐까 하는 쓸데없는 상상도 해본다.

이 아파트의 현재 시세는 분양가의 두 배를 조금 웃돈다. 생활의 만족도를 높여준 고마운 집이 시세차익까지 주고 있는 것이다. 이런 걸 보면 부동산 투자를 위해서 바쁘게 돌아다닐 형편이 못 되는 사람들은 실거주할 집만 잘 갈아타도 충분히 자산을 늘릴 수 있을 것이다.

나의 절친한 고등학교 동창의 경우만 해도 그렇다. 나보다 몇 년 먼저 결혼한 친구는 당시에 조금 무리를 해서 과천에 집을 마련했다. 남편과 본인의 직장에서 딱 가운데에 위치한 곳이라고 했다. 친구는 맞벌이를 했지만 매달 원리금을 내고 나면 살림이 팍팍하다고, 하우스푸어(House-poor)가 따로 없다고 늘 투정을 부리곤 했다.

20대 후반이었던 당시에는 나도 그 친구도 부동산에 대해 아는 것이 없었기 때문에 몰랐는데, 세월이 흐르고 부동산에 대한 공부를 시작한 후에는 그 친구가 참 좋은 아파트를 좋은 가격에 잘 샀다는 생각을 하고 있다. 현재 그 아파트의 시세는 분양가의 두 배를 넘어 세 배 가깝게 올랐다. 친구는 오랫동안 그 집에서 살며 아이 둘을 낳아 잘 키우다가 2년 전 근처에 분양하는 아파트 청약에 당첨되어 곧 입주를 앞두고 있다. 입주할 아파트 역시 가격이 많이 올랐다.

꼭 전문적인 투자자가 될 생각이 없더라도 부동산을 알아두는 것은 인생을 살면서 큰 도움이 된다. 무엇보다 뿌듯한 것은 가족이나 친척들을 도울 수 있을 때다. 성실하지만 저축 외에는 아무것도 몰랐던 남동생은 신혼집을 새 아파트 분양권으로 장만했는데, 두통이 올 만큼 공들여서 찾아준 이 집의 시세가 이후 크게 오른 것을 보니 내 집을 마련할 때보다 훨씬 기뻤다. 부동산 공부를 하기 전의 나라면 감히 생각도 할 수 없는 일이었을 것이다.

돈도 없는데 지식이나 경험도 없다면 좋은 기회를 날려버릴 수밖에 없다. 나 역시 그랬다. 생애최초 특별공급이나 신혼부부 특별공급 같은 제도를 몰라서 기회를 날려버린 것은 물론이고, 전세자금대출조차 알지 못해서 힘들게 신용대출을 받아서 썼으니 말이다. 지금이야 어쨌든 자산이 늘어났으니 다행이지만, 진작 알았다면 더 알차게 투자를 했을 수 있을 거란 생각에 아쉬울 때가 많다. 그런 실수를 동생은 하지 않았으면 하는 바람에 지금도 이것저것 잔소리하는 누나가 되고 있다.

생각하면 할수록 부자는 거저 되는 것이 아니라는 걸 느낀다. 공부가 필요하다. 많이 알수록 돈 되는 정보가 많은 세상이다.

주식 투자로
7개월 만에
자동차를 샀다

나의 첫 번째 재테크는 부동산 투자였지만, 사실 그보다 먼저 공부를 시작한 것은 주식이었다. 대학 시절에 증권계좌를 개설하고 소액으로 조금씩 투자하며 공부를 했다. 하지만 취업 준비에 집중하면서 그만뒀으니 지금도 여전히 초보 수준이다.

그랬던 주식 투자를 최근에 다시 시작했다. 부동산 시장은 너무 올라서 더 이상 소액으로 투자할 곳이 마땅치 않았고, 각종 규제로 인해 점점 까다로워졌다. 그 와중에 주식 시장은 도저히 투자를 하지 않을 수 없는 좋은 기회가 만들어지고 있었다.

아직 공부가 더 필요하기 때문에 처음에는 200만 원의 적은 돈으로 시작했다가 이후 400만 원까지 투자금액을 늘렸다. 중간에 매도해서 실현한 수익은 따로 통장에 모으고, 당분간 실력이 쌓일 때까지는 투자금을 400만 원으로 유지할 계획이었다.

그러면서 아직 어린 아들에게도 장기적으로 가져갈 만한 미국 주식을 사줘야겠다는 생각에 아들 명의로 미국 주식 계좌를 만들어 주었다. 여기에 어떤 종목을 담아줄까 고민하며 매일 밤 미국 증시를 들여다보곤 했다.

12년 만에 찾아온 절호의 기회

그러던 2020년 2월의 어느 날, 미국 증시가 일제히 곤두박질치기 시작했다. 생각지도 못한 코로나19 바이러스가 전 세계를 덮친 것이다. 그날 밤도 미국 증시를 들여다보고 있던 나는 이 상황을 실시간으로 목격하고 있었다. 순간 나의 뇌리를 스친 생각은 이거였다.

"기회가 왔다!"

과거에 내가 처음 주식에 관심을 가졌던 2007년 즈음,

미국발 서브프라임모기지 사태가 발생하며 갑자기 주가가 폭락했던 적이 있다. 그때도 주식에 관심은 많았지만 취업을 준비하면서 모든 주식을 정리했던 상황이라 투자를 하지는 못했다. 하지만 이후 증시가 어떤 과정을 거쳐 회복되는지 목격하면서 다음에 이런 기회가 오면 절대 놓치지 않아야겠다고 결심했었다. 그리고 12년여 만에 비슷한 일이 벌어진 것이다.

기회가 왔다는 생각이 들자 심장이 두근두근 요동치기 시작했다. 내가 지금 투자할 수 있는 여유 자금이 얼마나 되는지 다시 계산해보기 시작했다. 이것저것 모아보니 총 1,300만 원. 그 돈을 미련 없이 주식에 넣었다.

3월 중순에는 코스피지수가 1,400대까지 떨어졌다. 서둘러 집에 있던 금붙이를 모조리 꺼내 보았다. 당시는 금값이 전고점 수준까지 오른 상태였기 때문에 지금 팔아서 주식을 사는 것이 낫다고 판단했던 것이다. 그중에는 아들의 돌반지도 있었는데, 막상 팔려고 하니 눈물이 났다. 하지만 다시 한 번 마음을 독하게 먹고, 현금화를 한 후 아들에게 증여해서 미국 주식을 사주었다.

예상은 적중했다. 바닥을 찍은 코스피가 그해 가을에

연일 상승하면서 보유 종목들이 모두 크게 오른 것이다. 많이 오른 종목부터 하나씩 팔아 수익을 실현하고, 그 돈은 미리 찾아둔 다른 종목에 계속 재투자를 했다. 회수한 투자 원금에 수익금까지 합쳐서 재투자를 했으니 수익은 복리 형태로 늘어나게 된다. 그렇게 해서 얻게 된 수익은 7개월 만에 약 4,000만 원. 투자금 1,300만 원으로 이뤄낸 결과다.

이 돈을 다시 투자에 쓸까도 생각했지만, 이번에는 조금 다른 결정을 내렸다. 그동안 미루고 미뤘던 자동차를 구입하기로 한 것이다. 이제 어느 정도 자산도 늘어났고 새 아파트 입주도 모두 준비되었으니 한 번쯤은 가족을 위해 사치를 부려도 되지 않을까? 그렇게 우리 가족은 첫 번째 차를 샀다.

그동안 우리는 차 없이도 그럭저럭 잘 살았지만 본의 아니게 어린 아들에게 미안한 일이 많았다. 어린이집까지는 걸어서 5~10분 정도인데, 비나 눈이 오는 날에는 아이를 유모차에 태우고 방수·방한커버를 씌워 등원을 했다. 아이가 잘 걸어다니게 된 후에는 우비를 입히고, 우산을 씌우고, 추운 날에는 꽁꽁 싸매서 데리고 다녔다.

그러나 이제는 그럴 수 없는 상황이었다. 광명 아파트의 입주를 앞둔 시점에 때마침 아이는 유치원에 갈 때가 되었다. 하지만 입주를 하는 5월은 학기 중간이라서 유치원을 옮기기가 어려울 테니, 아예 처음부터 광명에 있는 유치원에 입학하는 게 낫다는 주변의 조언이 많았다. 결국 아이가 유치원에 입학하는 3월부터 입주를 하는 5월까지는 매일 아침 부천에서 광명으로 등원을 시켜야 하는 상황이 된 것이다.

지하철도 생각해 보지 않은 것은 아니지만, 아침 출근길의 지하철에 이 작은 아이가 탈 생각을 하니 엄두가 나지 않았다. 그래서 이제는 자동차를 사야겠다고 생각했는데, 때마침 딱 쓸 수 있는 돈을 주식으로 벌게 되다니 그 뿌듯함은 이루 말할 수가 없다. 맹연습을 거듭한 결과 이제는 운전 실력도 어느 정도 늘어서 제법 운전을 즐길 줄도 알게 됐다.

2년 동안 손절을 한 번밖에 안 한 비결은

주식 투자를 본격적으로 시작한 것은 아직 2년도 되지 않았지만, 운 좋게도 거의 대부분의 종목은 익절(매도하면서 이익을 본 것)을 했고, 손절(매도하면서 손해를 본 것)한 경우는 딱 한 번뿐이었다. 그 한 번의 손절은 고점이라는 걸 알면서 '왠지 더 오를 것 같아서' 매수한 탓이었다. 이전까지의 원칙을 버렸기 때문에 생긴 결과라 더욱 속이 쓰리다.

나의 주식 투자 원칙 중 하나는 '쌀 때 매수한다'인데 해당 종목은 이미 많이 오른 상태에서 매수를 했다. 원래 좋은 기업이기도 했지만 당시 차트를 보니 왠지 더 오를 것 같은 생각이 자꾸 들었던 것이다. 그래서 매수를 했는데 곧 조정장이 오면서 하락하기 시작했다. 중간에 잠깐잠깐 반등하는 것처럼 보였으나 전체적인 방향은 아래를 향하고 있었다.

그러던 어느 날, 계속 버텨주던 주가가 120일 이동평균선(이전 일정기간의 주가 평균을 연결한 선) 아래로 크게 떨어지는 것을 보았다. 투자를 할 때는 이동평균선뿐만 아니라 차트의 모양, 지지선 및 저항선 등 여러 가지를 복합적으로 봐야 하지만 이 정도의 하락이라면 볼 것도 없이 추세가 무너진 거라는 생각이 들었다. 바로 손절했다.

평소 나는 매수한 가격보다 주가가 떨어졌다고 해서 무조건 손절을 하지는 않는다. 오히려 반등할 때까지, 정확히 말하면 내가 예상한 '제자리'를 찾아갈 때까지 기다리는 편이다. 그렇게 할 수 있는 이유는 처음부터 싸게 매수하기 때문이다. 이미 싼 가격에 매수하면 그보다 조금 더 떨어질 수는 있어도 결국 다시 오를 것이기 때문에 마음을 다스리며 버틸 수 있는 것이다.

하지만 해당 종목은 이미 가격이 많이 오른 후에 매수했고 조금씩 하락을 계속하다가 결국 추세가 무너졌다. 그 이후에는 투자자들이 앞다투어 탈출하면서 가격이 완전히 급락할 것이라는 생각이 들었다. 그렇게 한 번 급락하면 내가 매수한 가격을 회복할 때까지는 굉장히 많은 시간이 소요될 것이 뻔하다.

이럴 때 본전을 찾겠다며 계속 기다리고 있으면 그 돈을 다른 종목으로 바꿔서 수익을 얻을 기회마저 잃어버린다. '기회비용'이 발생하는 것이다. 그런 생각으로 과감히 손절해버렸다. 이미 투자할 만한 종목들을 많이 찾아둔 상태이므로 빨리 갈아타는 게 낫겠다는 생각이 들었다.

결과적으로 이 종목은 100만 원 정도의 확정손실을 안겨주었다. 그동안 다른 종목으로 수익을 냈으니 전체적으로 보면 큰 타격은 아니지만 돈을 잃는 것은 언제나 가슴이 아프다. 그나마 위안이 되는 건 내가 손절한 이후에 더 많이 하락했다는 사실이다. 역시 투자를 할 때는 스스로 세운 원칙을 따라야 한다는 걸 다시 한 번 느끼게 됐다.

당연한 말이지만 주식 투자를 하다 보면 중간중간 지루하고 힘든 조정의 시기가 온다. 이럴 때 내실이 탄탄한 종목에 투자했다는 확신이 있으면 조만간 주가가 제 자리를 찾을 거라는 믿음으로 참고 기다릴 수 있다. 그리고 시간이 흐르면 주식이 반등하면서 달콤한 과실을 얻게 될 것이다.

반대로 투자의 원칙이 없으면 스스로 선택한 종목에 대해 믿음이 생기지 않고, 잠깐의 조정이 찾아왔을 때 불안한 마음에 너무 일찍 손절을 해 버리게 된다. 조급함 뒤에 남는 것은 달콤한 과실이 아니라 덜 익어 떨떠름한 결과뿐이다.

주식으로 도박을 할 것인가, 투자를 할 것인가

코스피의 상황이 전체적으로 좋지 않으면 제아무리 좋은 종목도 혼자서 오르기는 어렵다. 그렇게 주가가 떨어지면 초조하고 불안한 것은 나도 마찬가지다. 하지만 내가 투자한 기업은 단타를 위한 테마주도 아니고, 기업분석과 시장상황을 꼼꼼히 분석해서 신중히 고른 종목이다. 그런 확신을 곱씹다 보면 주가가 '제자리'를 찾아갈 때까지 충분히 믿고 기다릴 수 있다.

그때까지 내가 할 일은 '부릿지' 회원들과 함께 마음을 다독이며 꾸준히 공부하는 것뿐이다. 시간이 지나 주가가 오르면 수익을 실현할 것이고, 회수되는 투자금은 곧바로 다른 종목에 투자할 것이다. 그러기 위해서 새로운 후보 종목을 미리 찾아놓는 것이다. 이렇게 공부하며 기다리다 보면 어느 순간 주가는 기다림에 보답하듯 제자리를 찾곤 했다. 기다림의 시간을 거쳐서 예상했던 가격에 매도하는 그 기분은 정말 짜릿하다!

"내가 사면 떨어지고, 팔면 오르더라."

주식 투자를 해본 사람이라면 이런 경험은 무척 흔하지만, 그것을 당연하게 받아들이면 안 된다고 생각한다. 반드시 오른다는 확신이 있을 때에만 매수한다면 그런 일은 별로 생기지 않는다는 것을 경험했기 때문이다. 혹시나 일시적으로 주가가 떨어지더라도 내가 왜 이 종목을 매수했는지 다시 곱씹으며 기다리다 보면 결국 주가는 예상대로 오른다. 그렇게 내가 목표했던 가격에 도달하면 미련 없이 매도해서 수익을 실현하고, 그다음에 더 오르든 말든 신경 쓰지 않는다. 미리 저평가된 종목을 찾아두었으니 갈아타기를 해서 수익을 내면 되기 때문이다.

지난 2년 동안 수익률이 괜찮았던 것을 온전히 내 능력 때문이라고 하기는 어렵다. 때마침 좋은 장을 만난 덕분이라는 점을 부인할 수 없기 때문이다. 그렇지만 오랜만에 찾아온 기회를 놓치고 싶지 않아서 엄청나게 노력했다는 것 또한 사실이다. 살림하는 틈틈이, 아이를 보는 틈틈이 거의 모든 시간을 주식 공부에 매달리며 최선을 다했다고 스스로 당당하게 말할 수 있다.

물론 나는 주식 전문가가 아니다. 매일 주식을 공부하지만 하면 할수록 어렵다고 느낀다. 그럼에도 내가 주식 투자에 대해 이야기하려는 이유는 초보자였던 나의 경험이 초심자들에게 조금이나마 도움이 되기를 바라는 마음 때문이다.

저평가된 종목을 찾고, 쌀 때 매수하고, 기다리고, 목표 가격에 도달하면 매도하고, 그사이에 공부해둔 종목으로 갈아타고…. 나의 주식 투자는 이렇게 단순한 과정을 반복하면서 진행됐다. 하지만 이 단순한 과정을 성공적으로 수행하기 위해서는 꽤 많은 노력이 필요하다.

어떤 사람은 주식을 도박과 같다고 하지만, 나는 도박이 아니라고 생각한다. 공부하면 분명히 돈을 벌 수 있다는 걸 직접 경험했기 때문이다. 주식을 도박으로 만드느냐, 제대로 된 투자로 만드느냐는 투자하는 사람에게 달린 것이 아닐까.

그래서 나는 어떤 종목을 사고 팔았나

이 책에서 주식 투자의 구체적 전략을 모두 말씀드리긴 어렵지만, 처음 공부하시는 분들에게 조금이라도 도움이 되었으면 하는 마음에서 내가 샀던 종목 중 일부를 예로 들어보려고 한다. 이 사례들을 살펴보면 내가 어떤 방식으로 주식 투자를 하는지 짐작하실 수 있을 것이다.

삼성전자
초보라면 잘 알려진 기업부터

어떤 기업에 투자해야 할지 막막하다면 처음엔 익숙한

기업부터 조사를 시작하는 것도 방법이다. 한국 사람이라면 다 아는 우리나라 1등 기업 삼성전자가 그렇다.

2020년 상반기에 코로나 사태가 심각해지자 외국인투자자들은 국내 주식을 모두 팔아치우며 썰물처럼 빠져나가려 했다. 그때 그 물량을 모두 사들여서 주가를 지켜낸 것이 주식 시장에 대거 유입된 초보 개미투자자들이었다. 외세에 맞서 싸웠다고 해서 '동학개미운동'이라는 말까지 생겨났다.

나 역시 동학개미 중 하나였는데, 당시 동학개미들이 가장 많이 사들인 주식이 바로 삼성전자다. 인터넷 커뮤니티에는 "그냥 가전제품이 예쁘게 나온다며 삼성전자 주식을 산 아내가 나보다 투자수익률이 훨씬 좋다"는 글이 올라오기도 했다.

삼성전자는 장기보유해도 좋다고 생각하는 종목이다. 아들에게 사주고 싶은 종목이기도 하다. 일단 휴대폰, 반도체, 가전 등 다양한 분야의 산업군이 균형을 이루고 있어서 실적이 탄탄하다. 반도체가 안 좋으면 휴대폰이 메우고, 휴대폰이 안 좋으면 가전이 메우는 식이다. 물론 다 같이 잘 나갈 때도 많다. 특히 메모리반도체 분야에서는 세계적으로 독보적인 점유율을 보유하고 있어서 향후에도 쉽게 무너질 것 같지 않다. 최근에는 비메모리반도체 분야에 대한 투자도 대폭 늘리고 있는데 요즘 떠오르고 있는 전기차 및 자율주행 자동차, 신재생에너지 산업, 5G 통신, 전자결제 시스템 등이 자리를 잡을수록 반도체에 대한 수요는 더욱 많아질 것이다.

나는 삼성전자를 평균단가 4만8,864원에 매수했다. 중간에 아파트 중도금을 자납해야 하는 상황이라 눈물을 머금고 팔게 되었을 때의 매도 평균단가는 5만4,100원이었다. 그리고 얼마 후 다른 아파트를 팔아서 투자금이 회수되자마자 다시 매수했는데 이때 매수 평균단가는 5만6,000원이었다. 그리고 11월에 시장이 급등할 때 최종적으로 6만7,000원에 전량매도해서 수익을 냈다. 처음에 낸 수익을 빼더라도 7개월 만에 약 20%의 수익률을 올린 것이다. 참고로, 내가 계속 평균단가를 이야기하는 이유는 내가 한 번에 매수하거나 매도하지 않고 가격대별로 조금씩 단계적으로 매수 또는 매도를 하기 때문이다.

그 후로도 삼성전자는 계속 올라서 9만6,800원까지 상승하면서 '십만전자'라는 별명을 얻었지만, 이후 조정을 받아 2021년 여름 현재 7만 원대 후반에서 8만 원대 초반 언저리를 맴돌고 있다. 하지만 삼성전자는 코스피를 주도하는 우리나라 대표 종목이고 앞으로 상승 여력이 충분하다고 생각되기 때문에 계속 예의주시하고 있다.

>> 삼성전자 일봉차트 (2020년 4월부터 2020년 12월까지)

출처: 네이버증권

삼성전기
덜 알려진 기업 중에 알짜를 찾아보자

우리에게 익숙한 기업은 보통 대중이 구매하는 상품을

만들어 팔며 직접 대중을 상대하는 회사들이다. 이를 B2C(Business to Customer)라고 한다. 그런데 알짜 기업들 중에는 일반 대중이 아니라 기업과 기업 사이에서 거래를 하면서 유명해진 B2B(Business to Business) 기업들도 많다.

그중 하나인 삼성전기는 전자제품에 들어가는 부품을 만드는 회사다. 주력상품은 MLCC(적층세라믹콘덴서)라는 것인데 반도체에 전기를 일정하게 공급하는 부품이다. 반도체가 제 기능을 하려면 꼭 필요한 부품이기 때문에 '전자산업의 쌀'이라 부르기도 한다.

삼성전기는 2018년에 영업이익을 최고로 기록한 이후 2020년에는 실적이 바닥을 기었다. 내가 관심을 갖고 집중적으로 들여다본 것은 6월쯤인데 이때는 바닥권에서 40% 가까이 상승한 상황이었다. 실적 악화는 이미 주가에 모두 반영된 상태인 데다가 하반기부터는 매출액과 영업이익이 다시 증가할 것이라고 예상되고 있었다. 그 때문인지 외국인들도 지분을 크게 늘리는 상황이었다.

이런 여러 가지 이유로 나는 삼성전기를 평균단가 13만 3,000원에 매수했다. 그렇게 약 5개월 간 계속 보유하다가 2020년 11월에 주가가 급등하자 평균단가 16만4,000원에 매도해서 차익을 실현했다.

반도체의 1인자 삼성전자가 잘 나간다면 그 핵심부품을 납품하는 삼성전기 역시 잘 나갈 수밖에 없다. 이처럼 어떤 완성제품이 잘 팔린다고 하면 나는 그 제품에 들어가는 핵심소재를 만드는 회사도 함께 찾아보곤 한다. 이런 식으로 관심 영역을 조금씩 확대하면서 공부를 하다 보면 생각보다 빠르게 많은 분야를 알게 된다.

》 **삼성전기 일봉차트 (2020년 4월부터 2020년 12월까지)**

출처: 네이버증권

KB금융
경기 영향을 받지만 망하기는 어려운 금융주

이번에는 다른 업종도 둘러보자. 나는 한 번 매수를 하면 목표수익률에 달성할 때까지 기다리면서 그 다음에 매수할 다른 종목을 찾아놓곤 하는데, 시야를 좀 넓혀보고 싶어서 금융주에 대한 공부를 시작했다.

그러면서 재미있는 사실을 하나 알게 되었는데, 경제위기가 닥치면 다른 종목에 비해 돈을 다루는 금융주들은 더욱 많이 하락한다는 것이다. 그런데도 금융회사는 쉽게 망하지 않는데, 여기에는 이유가 있다. 소규모의 저축은행 수준이라면 몰라도 대형 금융기관이 망하면 국가 경제에 어마무시한 영향을 미친다. 그래서 대부분의 나라들은 금융기관에 대한 안전장치를 여러 단계로 만들어 두고, 최악의 경우 공적자금을 투입하기도 한다.

이 말은 금융주를 하락기에 매수해서 꾹 참고 기다린다면 회복될 가능성이 높다는 뜻이기도 하다. 게다가 금융주는 대부분 배당을 많이 해준다. 상승률은 더디지만 높은 배당 수익이 있다면 인내하는 맛이 있지 않을까.

이런 생각으로 매수한 종목이 KB금융인데, 이유는 단

하나였다. 바로 낙폭과대. 한마디로 주가가 많이 떨어져 있다는 말이다. 매수할 때 평균단가는 3만411원이었고, 중간에 급등할 때 반 정도를 매도했다. 그리고 나머지는 시장이 전체적으로 급등하던 11월에 4만5,450원에 매도하여 수익을 확정지었다. 최종수익률은 25%다.

>> **KB금융 일봉차트 (2020년 4월부터 2020년 12월까지)**

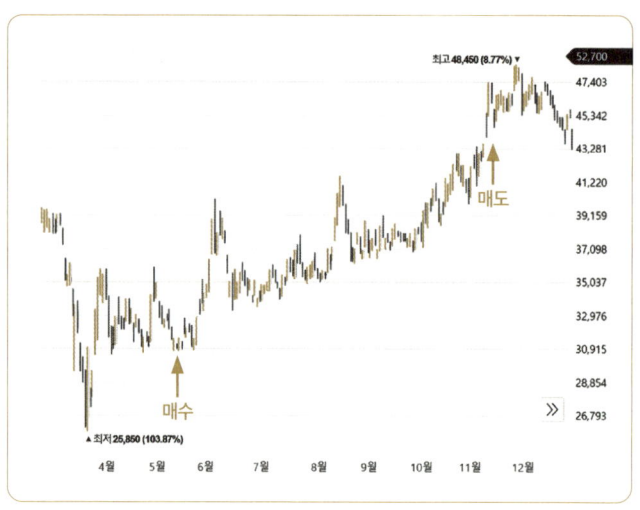

출처: 네이버증권

셀트리온
등락폭이 크다면 나눠서 이익 실현을 할 것

또 다른 업종에는 무엇이 좋을지 고민해 보았다. 코로나19 사태로 주가가 전반적으로 떨어진 상황이니 바이러스와 관련된 회사? 그런 단순한 생각으로 바이오 및 제약 관련주들을 살펴보았다. 그때 눈에 띄는 회사가 바로 셀트리온이었다. 현재는 코스피에 들어있지만 한때는 코스닥 시가총액 1위를 기록할 정도로 잘 알려진 회사라서 다소 익숙한 느낌이었다.

궁금해진 기업을 찾았다면 이제 그 기업에 대해서 분석해볼 차례다. 셀트리온은 대표적인 성장주(앞으로의 성장 가능성이 높다고 평가되는 종목)이지만 2018년부터 2019년 사이 성장세가 주춤했다. 이 기간 동안 영업이익이 감소했을 뿐 아니라 매출액 증가 추세도 둔화된 것이다. 그래서 주가가 큰 폭의 조정을 받았다.

2020년에는 주력 제품인 '램시마'와 '트룩시마'의 판매 호조가 이어지고 있었고, 코로나19 항체치료제를 개발하고 있어 큰 폭의 매출 증가가 기대되는 상황이었다. 그러나 주가는 아직도 전고점(이전에 기록했던 최고가격)을 회복하지 못한 상태였기 때문에 이 정도라면 저평가되어 있다고 판단되었다. 이런 이유로 평균단가 21만 4,000원에 매수를 했다.

셀트리온은 중간에 한 번씩 급등이 올 때가 있었다. 어차피 조금 오래 가지고 있을 생각으로 산 종목이지만, 급등이 올 때면 일부를 매도해서 조금씩 수익실현을 했다. 그러다가 중간에 다른 투자처에 돈이 들어가야 할 때 33만 8,000원에 전량 매도했고, 이후 그 돈이 회수된 후에는 30만 원 정도에 다시 매수해서 현재까지 보유하고 있다.

》 **셀트리온 일봉차트 (2020년 4월부터 2021년 6월까지)**

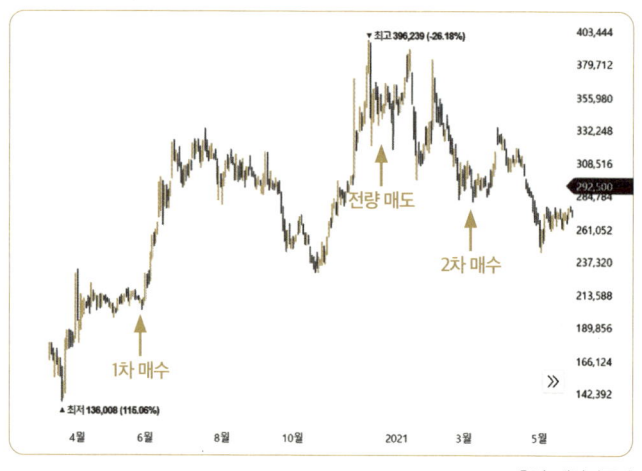

출처: 네이버증권

차트를 보면 알겠지만, 앞서 살펴본 다른 종목들에 비해 셀트리온은 중간에 급등과 함께 엄청난 조정도 받았다. 그렇기 때문에 중간에 급등이 나오면 일부 수익실현을 했던 것이다. 그럼에도 불구하고 여전히 보유하는 이유는 예전부터 이 회사의 주가가 자주 오르락내리락한다는 것을 알고 있었고, 대표적인 성장주라서 장기적으로 살펴야 한다고 생각했기 때문이다. 회사에 정말 큰 문제가 생긴 것이 아니라면 주가는 결국 실적에 수렴하게 되어있으므로 믿고 기다리기로 한 것이다.

거듭 강조하지만, 주가가 폭락하는 상황에서 멘탈이 흔들리지 않으려면 다시 올라갈 것이라는 확신이 있어야 하고, 그런 확신이 있으려면 공부가 많이 되어있어야 한다. 그때그때 주가가 오르락내리락하는 것만 보고 투자하면 결국 스트레스는 스트레스대로 받고, 손해는 손해대로 볼 수밖에 없다는 게 내 생각이다.

현대엘리베이
주도주를 놓쳤다면 관련주를 찾아보자

이번에는 조금 다른 방식으로 종목을 분석한 경우를 예

로 들어보겠다. 최근 사 모으고 있는 종목 중 하나가 현대엘리베이인데 사실 이 종목에 처음부터 관심을 가졌던 것은 아니다.

원래는 건설주에 관심이 많았다. 3기 신도시라는 이슈도 있고, 건설 경기가 좋아질 것이라는 전망이 나왔기 때문이다. 게다가 당시에는 건설주들의 주가가 아직 오르지 않았을 때여서 딱 좋은 타이밍이라고 생각했다. 그렇지만 다른 종목에 돈이 들어가 있었기 때문에 당장 건설주를 매수하지는 못했다.

얼마 후 투자금이 생겨서 다시 건설주를 찾아봤지만 이미 매수하기가 부담스러울 만큼 많이 오른 상태였다. 그 상태에서 매수한다면 '싼 가격에 매수한다'는 원칙에 어긋나기 때문에 좀 더 고민을 해보았다.

'건설주가 유망한 이유는 아파트가 많이 지어질 예정이기 때문이지. 아파트가 많이 지어지면 또 뭐가 많이 필요할까…. 아! 엘리베이터!'

엘리베이터 관련주는 단지 신도시 건설뿐 아니라 재건축 분위기와도 관련이 깊다. 우리나라에는 노후화된 아파트가 많다. 이들 아파트가 재건축된다면 당연히 엘리베이터가 필요할 것이고, 재건축을 하지 못하는 아파트라도 엘리베이터 교체 수요는 계속 있을 것이다. 이 역시 엘리베이터 회사의 수익으로 이어질 것이라는 생각이 들었다. 그래서 평균단가 4만2,900원에 매수를 했고, 두 달 후 5만 7,000원에 매도해서 수익을 얻었다.

비슷한 맥락에서 관심 있게 보고 있는 회사 중에 보일러 회사가 있다. 아파트 건설 경기가 좋아지면 당연히 필요한 시설이 보일러일 것이기 때문이다.

>> **현대엘리베이 일봉차트 (2020년 6월부터 2021년 8월까지)**

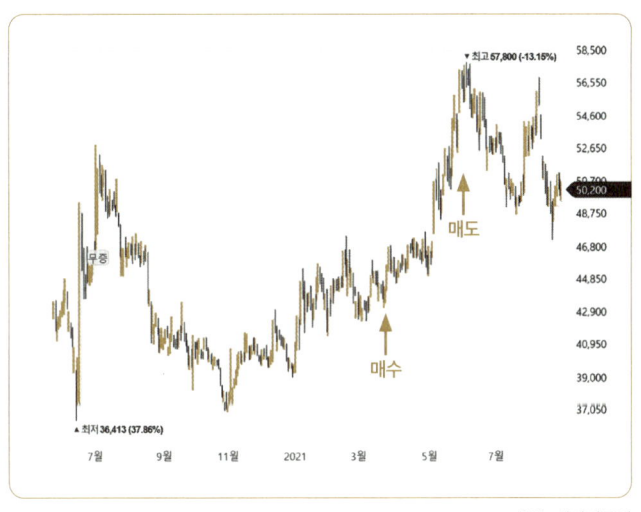

출처: 네이버증권

나는 이런 식으로 내가 보고 듣는 뉴스와 주위 사람들의 관심사를 주식 투자와 연결해보곤 한다. 현대 사회에서는 어떤 산업도 단독으로 움직일 수 없고, 산업과 산업이 서로 유기적으로 연결되어 있기 때문이다.

그렇지만 어느 종목이 먼저 오를지는 상황에 따라 다르다. 어떤 종목을 찾아봤지만 이미 많이 올라서 한발 늦었을 때도 많다. 하지만 거기서 끝내지 않고 연계된 다른 업종이나 회사를 찾아본다. 그중에서 아직 오르지 않은 종목이 있다면 매수하고 기다리는 것도 꽤 괜찮은 성과를 올렸던 전략이다.

신규 상장회사
IPO는 좋지만 상장 이후에는 조심해야

SK바이오팜, 카카오게임즈, 하이브(빅히트)···. 최근까지 투자 시장을 뜨겁게 달궜던 공모주들이다. 이렇게 신규상장을 하는 종목들의 청약이 엄청난 인기를 끌면서 "공모주 청약은 어때요?"라는 질문을 자주 받는다.

나의 경우 모든 공모주에 청약을 하는 것은 아니지만, 기대되는 공모주가 있으면 해보기도 한다. 공모주 청약은 증거금을 잠시 넣어두면 되기 때문에 일시적으로 목돈이 필요하긴 하지만, 실제 들어가는 추가비용은 거의 없어서 낮은 리스크로 해볼 만하다고 생각하기 때문이다. 이렇게 분양받은 공모주가 시장에 본격 상장될 때는 대부분 공모가보다 높은 가격으로 시작하기 때문에 짧은 기간에 수익을 실현하기가 용이하다.

하지만 공모 외의 신규상장주에는 투자하지 않는다. 아파트도, 주식도, 물건도 새것들은 무조건 비싸다. 공모주도 마찬가지다. 공모가액 자체가 이미 높다고 생각되는 경우가 많아서 상장 후에는 아무리 관심 가는 종목일지라도 최소 1년 이상 지켜보는 것이 좋다고 생각한다. 시장에서 그 기업에 대한 평가가 어느 정도 이루어진 뒤 투자하는 게 안전하다는 것이 내 생각이다.

상장 첫날에 '따상(공모가의 두 배로 시작해서 상한가를 달성하는 것)'이니 '**따상상**(따상에서 다음날 상한가를 한 번 더 기록하는 것)'이니 하며 급격하게 가격이 오르는 걸 보고 '첫날 매수해서 따상에 팔고 나오자'라는 부푼 꿈을 꾸는 분들을 본다. 이렇게 해서 돈을 번 사람도 있지만 손해를 본 사람들도 많이 봐서 안타까웠다. 많이 버는 것보다 잃지 않는 것을 더 중시하는 나에게는 별로 맞지 않는 투자법인 듯하다.

상상력과 창의력이 필요하다

이런 식으로 종목을 하나씩 찾아가면서 공부하고 투자하다 보면 자연스럽게 경제 전반의 다양한 분야에 관심을 갖게 된다. 뉴스를 들을 때도 이전과는 다른 관점에서 생각하게 된다.

예를 들어 미국이 코로나19 백신의 임상시험 결과를 빠르게 승인하여 접종을 서두를 것이라는 뉴스를 접하면, 백신을 전 세계로 이송할 때 백신의 변질을 막기 위한 냉장시설이 필요하겠다는 생각으로 이어지는 것이다. 그런 시설을 '콜드체인(저온유통체계)'이라고 하는데, 실제로 관련주들의 주가가 많이 올랐다.

당연한 말이지만 처음부터 이런 생각을 바로바로 떠올릴 수는 없을 것이다. 하지만 뒤늦게 "아, 그런 게 있었구나!"라며 깨닫고 안타까워하다 보면 그만큼 지식이 하나 더 생기는 것이고, 나중에는 자연스럽게 생각이 확장된다. 주식 투자를 잘 하려면 상상력이 풍부하고 창의력이 좋아야 한다는데, 아마 이런 뜻에서 하는 말이 아닐까 싶다.

나의 주식 투자 5원칙

    주식 투자를 할 때는 원칙이 중요하다고 하는데, 초보일수록 더더욱 그렇다는 생각을 자주 하게 된다. 아직 경험과 지식이 부족한 상태에서 잘못된 길로 가지 않으려면 분명한 방향성이 있어야 하기 때문이다.

    나에게도 주식 투자의 절대 원칙이 있는데 한마디로 요약하면 '실적이 좋은 종목을 쌀 때 산다'는 것이다. 주식 투자를 많이 해보신 분들은 쉽게 이해하시겠지만, 초보자들을 위해서 그 의미를 구체적으로 설명해보고자 한다.

첫째, 전체 흐름이 가장 중요하다

아무리 좋은 종목이라도 코스피지수가 전체적으로 하락하는 추세라면 혼자서 올라갈 확률은 매우 적다. 반대로 시장이 전체적으로 상승한다면 개별적으로는 조금 부족한 종목들도 함께 올라가는 경향이 있다.

그렇기 때문에 한 종목만 들여다볼 것이 아니라 시장의 전체적인 흐름을 파악하는 게 우선이다. 다시 말해서, 주식시장 전체가 상승추세인지 하락추세인지를 파악하는 것이 선행되어야 한다.

2020년 하반기에는 코로나19 사태로 직격탄을 맞은 종목을 제외하면 대부분의 종목이 올랐다. 속도의 차이만 있을 뿐 무엇을 사도 오르는 분위기였기 때문에 주식에 처음 뛰어든 사람들도 꽤 괜찮은 수익을 보았을 것이다. 그러다 보니 어쩌면 '주식 투자라는 거 생각보다 어렵지 않네?'라는 생각을 하게 되었을지도 모르겠다.

하지만 공부를 좀 더 하다 보니 이제 무조건 상승하는 시기는 지나갔다는 생각이 든다. 2020년 말에는 삼성전자나 SK하이닉스 등의 대형주가 시장을 주도하면서 코스피지수가 2,700을 돌파했다. 하지만 좀 더 자세히 살펴보면 상승한 종목보다 그렇지 않은 종목이 훨씬 많다는 것을 알게 된다. 이 글을 쓰고 있는 2021년 여름 역시 코스피지수가 3,300을 돌파하며 계속 높은 수준을 유지하고 있지만, 오르는 종목과 떨어지는 종목의 차이는 더욱 분명해졌다.

이럴 때일수록 종목을 제대로 분석한 사람들은 돈을 벌지만, 그렇지 않은 사람들은 시장에서 오히려 손해를 보기 쉽다. 요즘은 훌륭한 전문가들의 통찰력을 배울 수 있는 영상이나 책도 많고, 기업과 관련된 정보를 얻기도 어렵지 않다. 이런 정보를 적극 활용해서 꾸준히 분석하고 공부하는 것만이 복잡해진 시장을 헤쳐나갈 수 있는 유일한 방법이라고 생각한다.

둘째, 주가는 결국 기업 실적에 수렴한다

주가는 단기적으로 등락을 반복하지만, 장기적으로 보면 실적이 좋은 기업의 주가는 어쨌든 오를 수밖에 없다. 반대로 실적이 나쁜 기업의 주가는 잠깐 올랐다가도 오래가지 않아 떨어지고 만다. 그래서 나는 기업 실적에 계속 관심을 갖고, 앞으로 실적이 좋아질 우량주를 찾는 데에 많은 노력과 시간을 들이고 있다.

기업 실적을 확인하기 위해 'FN가이드'라는 금융정보 제공 서비스를 자주 활용하고 있다. 우선 FN가이드의 '실적속보'를 활용해서 실적이 좋은 종목들을 골라낸다. 매출액뿐만 아니라 영업이익이 함께 증가하고 있는 종목이면 좋다.

이렇게 1차로 종목을 추린 후에는 이들 회사의 실적이 일시적으로 좋아진 것인지, 아니면 지속적으로 좋을 것인지를 판단해야 한다. 내가 가장 많은 시간을 쏟아붓는 단계이기도 하다.

예를 들어 회사가 구조조정을 하면 재무제표에서는 일시적으로 영업이익률이 높아진 것처럼 보일 수 있다. 하지만 이것은 구조조정으로 비용을 털어냈기 때문에 생긴 일시적 현상일 뿐 지속적인 실적이라고 보기는 어렵다. 그래서 뉴스나 기업공시를 꼼꼼히 살피면서 영업이익률이 왜 높아졌는지를 판단하는 과정이 필요하다.

특히 HTS(Home-Trading System, 온라인 주식거래 프로그램)에서 제공하는 재무데이터를 통해서 장기적인 매출액과 영업이익 추이를 확인해야 한다. HTS에서 이런 서비스를 제공하지 않는 증권사도 있는데, 그렇더라도 인터넷으로 검색하면 쉽게 정보를 찾을 수 있다. 과거에도 계속 실적이 좋았던 회사라면 큰 문제가 생기지 않는 이상 앞으로도 실적이 좋을 가능성이 높다. 단, 하나의 기업뿐만 아니라 그 기업이 속한 산업에 대해서도 확인해야 한다. 해당 분야 자체의 전망이 나쁘면 과거에 아무리 실적이 좋았더라도 앞으로는 안 좋아질 가능성이 있다.

나는 아직 보편화되지 않았더라도 확산될 가능성이 큰 산업들에 투자하는 것을 선호한다. 예를 들면 전기차, 수소차, 5G 및 6G, 간편결제 등이다. 이런 산업들의 전망이 왜 밝은지 확실하게 알기 위해서는 경제 뉴스와 리포트 등 수집 가능한 모든 정보를 살펴볼 필요가 있다. 거듭 말하지만 투자에 왕도는 없다. 오직 공부와 노력뿐이다.

셋째, 수급이 좋아지는 종목에 관심을 갖는다

주식에서 '수급'이라고 하면 개인, 기관, 외국인의 매매 동향을 의미하는데 일반적으로 '수급이 좋다'는 말의 의미는 자금력이 풍부한 외국인투자자 또는 기관투자자들이 지속적으로 매수하는 것을 의미한다. 이런 투자자들이 유입되면 그 종목은 오를 가능성이 높다. 그래서 나는 어떤 종목을 분석할 때 외국인이나 기관투자자 등의 큰손들이 해당 종목을 매수하는지를 자주 확인해본다. 어떤 투자 채널을 이용하느냐에 따라 다르겠지만 대부분의 투자 채널에서는 외국인과 기관투자자의 수급 내용을 알려주는 메뉴를 마련해놓고 있으니 활용하면 좋을 것이다.

수급이 왜 중요할까? 외국인이나 기관투자자와 같은 '큰손'들은 개미들과 비교할 수 없을 정도로 자금력이 크고, 기업에 대한 고급정보도 많이 가지고 있다. 이를 바탕으로 짧게는 수개월에서 길게는 수년에 걸쳐 전문적으로 분석하고 투자하는 전문가들이기 때문에 개미들보다 투자 성공률이 높을 수밖에 없는 것이다.

게다가 이들이 유입된다는 사실 자체가 해당 종목에는 호재로 작용하면서 가격이 오르기도 한다. 초보가 실수를 줄이려면 큰손들의 투자 추이를 확인하고 따라 사는 것도 좋은 방법이 될 수 있다.

넷째, 바닥을 확인한 후에 산다

주식에는 다양한 격언이 있는데, 그중에서 가장 유명한 것은 아마 '무릎에 사서 어깨에 팔아라'일 것이다. 너무 뻔

한 말 같지만 나는 그만큼 훌륭한 격언은 없다고 생각한다.

비슷한 격언 중에 '떨어지는 칼날을 잡지 말라'는 말도 있다. 아무리 좋은 종목이라도 하락하기 시작하면 어디까지 갈지 알 수 없기 때문에, 하락하는 도중에 매수하면 더 떨어질 가능성이 크다는 뜻이다. 안전하게 투자하려면 주가가 곤두박질치다가 바닥에 닿은 것을 확인하고, 상승추세로 살짝 돌아섰을 때 매수하는 것이 좋다. 이때도 한 번에 왕창 매수하기보다는 조금씩 나눠서 단계별로 분할매수하는 것이 안전하다.

나는 가급적이면 차트에서 이동평균선의 '5일선'과 '20일선' 그리고 '60일선'을 주로 살핀다. 이동평균선(이평선)이란 일정 기간 동안의 주가 평균을 연결해서 만든 선

》 **이동평균선의 정배열과 역배열**

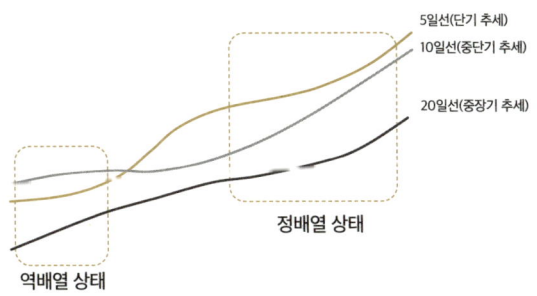

인데, 쉽게 말하면 '5일선'은 지난 5일간의 평균을, '20일선'은 지난 20일간의 평균을 보여주는 선이다. 기간이 길수록 장기적인 추세를 나타낸다고 할 수 있다.

나는 이평선들이 정배열, 즉 단기추세가 장기추세보다 위에 올라오는 방식으로 배열된 종목을 주로 공략한다. 이 말을 풀어보면 최근의 평균가격이 장기적인 평균가격보다 높다는 뜻이므로 해당 종목이 최근 들어 상승세를 보인다고 분석할 수 있다.

주식을 매수할 때에는 가장 가격이 싼 '발바닥'에서 사겠다는 생각을 버려야 한다. 수익을 조금 덜 보더라도 확실하게 얻기 위해서는 발바닥이 아닌 무릎에서 산다는 생각으로 접근하는 것이 가장 효율적인 방법이다. 또한 좋은 주식인데 가격이 싸졌다고 생각되더라도 바닥을 다지고 올라가는 것, 즉 하락세에서 상승세로 전환하는 것을 확인한 후에 매수하는 것이 보다 안전하다.

다섯째, 목표수익률을 달성했다면 반드시 익절한다

나는 매수할 때 이미 그 종목의 목표수익률을 정해두고 여기에 도달하면 미련을 두지 않고 칼같이 매도한다는 원칙을 가지고 있다. 물론 팔고 나서 그보다 더 오르는 경우도 있지만 어쩔 수 없다. 팔 때가 되었는데 왠지 더 오를 것 같다는 생각으로 버티다가 주가가 다시 떨어지면 그동안 기다려서 얻어낸 상승분을 모두 반납해야 하기 때문이다.

그래서 목표수익률을 달성하면 일단 수익실현을 해서 현금으로 챙겨두기로 했다. 팔았는데 더 오르면 마음만 아쉽고 말지만, 팔지 않았는데 하락해서 상승분을 모두 반납하면 실질적인 타격을 입는다. 그 허무함은 이루 말로 할 수가 없다.

많은 분들이 "보통 얼마나 오래 한 종목을 보유하시나요?"라는 질문을 하시는데, 나는 기간을 정해놓고 투자를 하는 편은 아니다. 모든 종목이 똑같은 기간 동안 오르는 것은 아니기 때문이다. 매수한 지 일주일 만에 목표수익률에 도달하면 일주일 만에 팔고, 몇 달이 걸리면 몇 달 후에 파는 식이다. 보유기간보다 중요한 것은 목표수익률에 도달했는지의 여부라고 생각한다.

기간을 정해놓지 않고 투자한다는 것은 매수한 종목을 꾸준히 모니터링하면서 언제 팔 것인지를 결정해야 한다는 뜻이다. 조금씩 천천히 올라주면 편하지만, 가끔은 내가 사놓은 종목이 특정 테마나 이슈에 연관되어 급등 또는 급락을 하게 되는 경우가 있다. 내 기준에서 급등이란 10% 이상 상승하는 것인데, 이럴 땐 초긴장 상태에 들어간다. 목표수익률에 도달하지 않았어도 매도를 고려하기 때문이다. 테마나 이슈 때문에 급등하는 경우는 순식간에 하락할 위험도 함께 존재하기 때문에 상승분을 반납하기보다는 조금 일찍 빠져나오는 게 나을 수도 있다.

반대로 급락하는 경우에는 두 가지 선택지가 있다. 나의 분석 결과를 재검토해보고 이번 이슈가 기업 가치에 큰 영향을 줄 정도라고 판단되면 과감히 손절해야 한다. 하지만 그렇지 않다고 판단되면 손절이 아니라 오히려 추가 매수를 할 수 있는 기회다. 더 싼 가격에 매수를 하면 평균단가가 낮아지므로 수익률을 극대화할 수 있기 때문이다.

중요한 것은 어느 쪽이든 무리하게 욕심을 부리면 안 된다는 사실이다. 주식에서 무엇보다 중요한 것은 첫째도 원칙, 둘째도 원칙이라는 점 잊지 말자.

직접 주식 투자를 해본 후 알게 된 것들

　주식을 공부하다 보면 고수들이 공통적으로 강조하는 것이 있음을 알게 된다. 그중 하나가 조급해하지 말라는 것이다. 대부분의 투자자들은 내가 사는 순간부터 주식 가격이 쭉쭉 오르길 희망하지만, 주가가 빨리 오를수록 리스크도 함께 커진다는 사실을 잊으면 곤란하다. 급등한 주식은 보통 급락하는 경우가 많기 때문이다.

　최근 주식시장 분위기가 워낙 좋다 보니 테마주 급등주 따라잡기를 하는 사람도 많아진 듯한데, 그러다가 크게 손해를 봤다는 이야기도 심심치 않게 들려온다. 갑자기 뛰어오르는 종목을 매수했다가 미처 팔고 빠져나오기 전에 가격이 곤두박질치는 것이다. 급등한 주가가 무너지는 것은 정말 순식간이다.

그래서 나는 내가 고른 좋은 기업이 조금씩 천천히, 대신 꾸준히 올라주는 게 더 좋다. 직접 투자를 해보니 그게 훨씬 낫다는 것을 알았기 때문이다.

물론 이럴 경우 목표한 수익에 도달할 때까지 어느 정도의 시간이 필요하기 때문에 그 시간을 버틸 만큼 탄탄한 종목을 골라야 한다. 결국 '좋은 회사를 고르는 것'과 '쌀 때 사는 것'에 나의 모든 능력을 집중해야 한다는 뜻이다.

물론 세상에는 수많은 주식 투자 전략이 있고 투자자마다 성향도 각각 다르니, 어떤 전략이 나에게 적합한지를 찾아내는 것도 투자자의 중요한 덕목이 아닐까 생각해본다.

분산투자가 늘 좋은 것은 아니다

주식 투자를 하지 않는 사람도 '달걀을 한 바구니에 담지 말라'는 격언은 들어보았을 것이다. 바구니 여러 개에 달걀을 나눠 담으면 그중 한 바구니를 떨어뜨리더라도 다른 바구니의 달걀은 무사할 수 있다. 리스크를 줄이려면 분산투자를 해야 한다는 의미이다.

그런데 자신은 철저하게 분산투자를 한다는 사람들 중에서도 알고 보면 결코 분산투자가 아닌 경우를 많이 보았다. 여러 기업의 주식을 나눠서 매수했으니 분산투자를 했다고 생각하는 것이다. 하지만 생각해보자. 만약 신한지주, KB금융, 삼성증권이라는 세 종목에 나눠서 투자했다면 이것은 분산투자일까? 세 종목들은 모두 금융주에 포함된다. 그러므로 분산투자가 아니라 오히려 금융주에 '몰빵투자'를 한 셈이다.

분산투자를 하면 리스크가 줄어든다고 하는 이유는 어느 종목이 하락하더라도 다른 종목이 상승하거나 덜 하락함으로써 전체적인 손실을 막아주기 때문이다. 그런데 같은 분야에 속하는 종목이라면 모두 비슷하게 상승하거나 비슷하게 하락할 가능성이 크다. 따라서 아무리 여러 종목을 나눠서 매수했더라도 같은 분야에 속한 종목이라면 진정한 의미의 분산투자라고 하기 어렵다.

분산투자는 전혀 다른 성격의 주식을 매입할때 의미가 있다. 예를 들면 경기에 따라 등락폭이 큰 경기민감주와 그 반대인 경기방어주에 나눠서 투자하는 식이다. 이렇게 하면 시장이 출렁여도 경기민감주와 경기방어주가 상호 보완하면서 전체적인 균형을 유지할 수 있다.

문제는 투자금이 소액일 때다. 투자금이 300만 원밖에 없는데도 무조건 분산투자를 해야 한다는 생각에 10개 종목에 골고루 투자했다고 하자. 그러면 한 종목에 들어가는 돈은 30만 원뿐이다. 그중에서 단기간에 10%의 수익을 올린 종목이 있다고 하자. 비율로 보면 상당히 많이 오른 편이지만, 금액으로는 3만 원을 번 것에 불과하다. 하물며 다른 종목 중에 -5%를 기록한 것이 있다면? 총 수익은 1만5,000원에 불과하다.

투자금이 적을 때에는 분산투자를 하기보다 종목의 수를 적게 운영하는 게 좋다고 생각한다. 그것이 수익률 측면에서 나을 뿐 아니라 관리하기에도 편하다. 매수한 주식이 1주든 100주든 분석하는 데에 들어가는 시간과 노력은 똑같기 때문이다.

그러므로 그 시간과 노력을 투자해서 반드시 오를 만한 종목을 찾아 집중하는 것이 초반에는 더 나을 수 있다는 게 내 생각이다.

대기업에 오래 투자하면 반드시 오를까

이름을 자주 들어본 대기업은 일단 우량주이므로 오래 보유하면 무조건 오른다고 생각하는 사람들이 많다. 하지만 객관적으로 분석해보면 꼭 그렇지는 않다는 것을 알게 된다. 대기업이라고 무조건 보유하며 기다릴 게 아니라, 해당 종목이 속한 분야가 성장산업인지 사양산업인지를 파악해볼 필요가 있다.

나의 경우는 기업을 분석할 때 증권사 사이트에서 제공하는 과거 20~30년 데이터를 이용해서 매출액과 영업이익이 계속 증가했는지 아닌지를 반드시 살펴본다.

예를 들어 SK텔레콤은 매년 2조 원의 순이익을 계속 유지해 왔지만, 그 기간 동안 주가는 박스권에 갇혀 있다가 점점 떨어지는 추세를 보였다. 주력 분야인 인터넷과 모바일 통신이 포화 상태에 들어서면서 성장가능성이 낮아졌기 때문이다. 이럴 경우 신사업을 발굴하지 않는 이상 주가는 오르지 않고 정체되다가, 향후 신사업을 성공적으로 추진했을 때 주가가 오를 수도 있다

우리나라에는 이런 주식들이 꽤 많다. 10년 동안 주가가 그대로이거나 심지어 더 떨어진 대기업도 있다. 그러

므로 단순히 유명한 기업을 오래 보유한다고 주가가 오르는 게 아니라 반드시 매출액과 영업이익이 지속적으로 성장하는 회사여야 한다는 것을 기억할 필요가 있다.

비슷한 맥락에서, 한 종목을 무조건 오래 들고 가는 것보다는 주기적으로 체크해서 적당한 가격에 수익을 실현한 후 아직 저평가된 다른 종목으로 갈아타는 것이 더 나은 전략이라고 생각한다. 장기보유를 하다 보면 한 번쯤 조정이 이뤄지는데, 이때 기존의 상승분을 다 반납하고 나면 다시 오랜 기간 기다려야 하기 때문이다.

흔히 "20년 전에 삼성전자 주식을 샀어야 했는데…"라고 말하는 경우가 많다. 나 역시 그런 생각을 안 해본 것은 아니지만, 현실적으로 개미투자자가 한 종목을 20년이나 들고 있기는 어렵다고 본다. 삼성전자 외에 수익이 날 만한 종목들이 계속 나타날 뿐 아니라, 살다 보면 갑자기 목돈이 필요한 일이 생기기도 하니 말이다.

물론 장기보유해도 리스크가 없을 것 같은 종목이라면 미리 사서 자녀들에게 물려주는 것도 좋은 전략이다. 하지만 그런 목적으로 매수한 종목이라도 산업 동향은 주기적으로 체크할 필요가 있다. 별다른 문제가 없는지 살펴보다가 심각한 문제가 생길 경우에는 갈아타야 하기 때문이다.

우량주는 일상 속에 있다

사람들이 매일 아침마다 하는 행동은 무엇일까? 화장실도 가고 물도 마시겠지만, 빼놓을 수 없는 것이 바로 휴대폰을 켜는 것 아닐까?

밤새 '카카오' 단톡방에서 어떤 메시지가 오고 갔는지 확인하고, '네이버'에 접속해서 뉴스를 보고, '구글' 캘린더로 오늘 일정을 체크한다. 어디 그뿐일까. '페이스북' 등의 SNS로 서로의 근황을 확인하고, '넷플릭스'로 영화를 즐긴다. '스타벅스' 커피를 한 잔 마시면서 말이다. 그리고 그 스마트폰은 '삼성전자'나 '애플'에서 만들었을 것이다.

이렇게 우리가 매일 소비하는 것은 곧 그 기업의 실적이 되고, 실적이 늘어날수록 주가는 날개를 달고 날아간다. 사람들에게 인기 있는 기업은 주식도 오르기 마련이다. 이건 내 개인적인 생각이 아니라 주식 투자의 귀재 존 리 대표가 했던 말이기도 하다.

2014년 말에 있었던 '허니버터칩 대란'을 기억할 것이다. 이 달콤한 감자칩이 맛있다고 입소문을 타자 너도 나도 맛이나 한 번 보자며 허니버터칩을 사먹고, 온 동네 슈퍼마켓에서 품절 사태가 벌어지고, 심지어 웃돈까지 얹어 중고시장에 나오기도 했다. 얼마 안 되어 이 과자를 만든 크라운해태홀딩스 주가는 50%나 폭등했다.

2001년 출시된 광동제약의 음료 비타500은 또 어땠나? 자양강장음료의 대명사와도 같았던 박카스의 아성을 무너뜨리고 100%가 넘는 매출 성장을 지속하더니, 무너져 가던 광동제약이 되살아난 것은 물론 주가는 대폭등했다.

만약 그때 허니버터칩 대신 크라운해태홀딩스 주식을, 비타500 대신 광동제약 주식을 샀다면 어땠을까? 우리가 대수롭지 않게 넘겼을 뿐 일상 속에서 주식 투자의 기회를 포착할 기회는 생각보다 많다. 어떤 제품이나 서비스가 인기를 끄는지 눈여겨보는 것도 주식 투자에 큰 도움이 된다.

내 경우는 자주 사용하는 신용카드 회사에 투자했다. 주변에서 해외직구를 하는 사람이 점점 많아졌는데 결제는 '비자(VISA)'나 '마스터(Marter)'라고 쓰인 카드만 가능하다. 해외직구가 단기간에 끝날 유행이 아니라 하나의 트렌드로 자리잡는다면 이들 카드사의 실적은 당연히 좋아질 수밖에 없다. 이런 생각으로 매수한 첫 번째 미국 주식이 바로 비자였다. 기술주만큼 폭등하진 않았어도 꾸준히 우상향하며 쏠쏠한 수익을 안겨주고 있다.

이런 경우도 있다. 나는 TV를 잘 보지 않는 편이지만 가끔 푹 빠지는 드라마가 있다. 그런 드라마는 방영하는 날을 애타게 기다렸다가 본방사수를 하는데, 나중에 보니 그중 상당수가 '스튜디오드래곤'이라는 제작사에서 만들었다는 것을 알게 됐다. 이런 실력의 제작사라면 당연히 성과도 좋을 것이라는 생각에 자세한 분석에 들어갔고, 역시 괜찮은 수익을 얻었다.

주식을 처음 시작하는 사람이라면 재무제표를 보고 업계동향을 분석하는 것이 어려울 것이다. 그렇다면 실생활에서 가까이 접한 기업부터 공부해보는 것도 좋은 방법이다. 그 회사가 무엇을 하는 회사인지는 알겠으니 그것으로 정확히 얼마를 버는지, 매출과 영업이익은 얼마나 되는지, 혹시 다른 것으로 돈을 벌지는 않는지, 그동안 실적은 잘 나오고 있는지, 앞으로는 어떠한지 등을 분석하기가 좀 더 수월할 것이다.

그러다 보면 쉽게 지나쳤던 많은 것들이 점점 다르게

보이기 시작한다. 그리고 생각보다 훨씬 다양한 분야에 다양한 기업들이 존재한다는 사실에 놀라게 될 것이다. 어느 순간부터는 처음 듣는 회사 이름은 일단 주가부터 검색해보는 사람이 되어 있을지도 모른다.

미수금 함부로 쓰면 큰일난다

주식 투자를 할 때는 '미수금'이라는 것을 쓸 수 있다. 쉽게 말하면 신용대출 같은 것인데, 당장 주식을 매수할 돈이 없어도 미수금을 이용하면 매수를 할 수 있다.

잠깐만 미수금을 끌어다가 이 종목을 사서 주가가 올랐을 때 매도하면, 미수금을 갚고도 돈이 남을 거라며 거리낌 없이 미수금을 활용하는 사람들이 많다. 하지만 시장은 내 예상대로 움직이지 않는다. 예상과 달리 주가가 하락한다면? 원래 계획했던 날짜에 매도하지 못하거나 매도하더라도 손절을 해야 할 수도 있다.

문제는 미수금을 3영업일 내에 상환하지 않으면 증권사에서 해당 종목을 강제로 반대매매 해버린다는 것이다. 그것도 장 시작과 함께 하한가로 말이다.

이렇게 생긴 손해는 결국 고스란히 빚으로 남게 된다.

그러므로 아무리 오를 것 같은 주식이 눈앞에 있더라도 내 수중에 돈이 없다면, 미수금을 끌어오려 하지 말고 그냥 포기하자. 주식은 항상 출렁이기 때문에 기회는 반드시 다시 오기 마련이다.

사실 초보자들은 미수금을 일부러 끌어다 쓰기보다는 모르고 사용하게 되는 경우가 많기 때문에 주의가 필요하다. HTS나 주식 어플을 사용하는 데에 서툴다 보니 본인도 모르는 사이에 매수를 할 때 미수금을 사용하게 되는 것이다.

실제로 '부릿지' 멤버 중 한 분도 실수로 미수금을 쓰게 된 적이 있는데, 반대매매가 진행된다는 문자를 받고서야 자기가 미수금을 썼다는 걸 알았다고 한다. 다행히 금액이 크지 않아서 바로 상환하고 반대매매를 막았지만, 아예 미수금을 막아놓아야겠다며 놀란 가슴을 쓸어내렸다.

만약 자기도 모르는 사이에 큰돈을 미수금으로 사용했고, 반대매매가 이뤄질 상황인데 그 돈을 채워 넣지 못한다면? 상상하기도 싫은 일이다. 그런 실수를 막고 싶다면 아예 미수금 거래기능을 막아놓는 것도 좋은 방법이다.

실력 좋은 사람보다 멘탈 좋은 사람이 이긴다

내가 주식으로 짧은 시간에 큰 수익을 올릴 수 있었던 이유는 코로나19 바이러스로 인한 팬데믹 상황이 엄청난 기회가 될 것이라 생각했기 때문이다. 왜 그렇게 생각했을까? 과거를 돌아보면 경제위기로 인한 대폭락장이 나중에 일생일대의 기회가 되는 경우가 많았기 때문이다.

아직도 우리 기억에 생생하게 남아있는 1997년의 IMF 사태와 2008년 글로벌경제위기 사태만 해도 그렇다. 당시는 개별 기업의 실적과 무관하게 주가가 모두 대폭락을 했다. 실적이 좋은 기업의 주식도 엄청나게 하락한 것이다. 이럴 때 탄탄한 기업의 주식을 싼 가격에 매입함으로써 몇 년 후 주가가 회복될 때 큰돈을 버는 사람들이 나타났다. 위기가 극복되고 나면 주가는 제자리를 회복하기 때문이다.

낮은 금리도 주식 시장 호황에 한몫했다. 경제위기가 닥치면 세계 각국은 경쟁하듯 금리를 인하하면서 시중에 돈을 풀어서 경기를 살리려고 한다. 이렇게 풀린 엄청난 양의 돈은 주식 시장으로 흘러들어갈 것이고, 주식 시장에는 호황이 올 가능성이 높아진다. 시중에 풀린 돈을 다른 말로 '유동성'이라고 한다. 그래서 2020년 말에서 2021년까지 호황을 누리고 있는 주식시장을 '유동성 장세'라고 하는 것이다.

과거에 이런 일들을 지켜보면서 만약 또다시 비슷한 상황이 온다면 그 기회를 절대 놓치지 말아야겠다고 생각했다. 그러다가 코로나19로 인한 팬데믹이 발생했을 때 나는 이것이 바로 그 기회라고 생각했던 것이다.

과거의 상황을 돌이켜볼 때, 실적만 받쳐준다면 기업은 생각보다 쉽게 망하지 않는다. 특히 우리나라의 대기업들은 IMF 사태를 거치면서 대거 구조조정을 했을 뿐 아니라 현금성 자산을 많이 쌓아놓으며 위기 상황에서 버틸 수 있는 체력을 엄청나게 키워왔다. 코로나19 사태로 많은 기업들이 어려움을 겪고 있지만, 아직 치명적 위기를 맞이한 대기업은 없다는 것만 봐도 알 수 있다.

다시 한 번 강조하지만 주식으로 돈을 벌기 위해서는 좋은 기업의 주가가 쌀 때 사서 제값을 받고 팔아야 한다. 좋은 기업의 가격이 일시적으로 떨어지면 부릿지 멤버들은 '주식 바겐세일 기간'이라며 부지런히 매수를 진행한다.

물론 이것을 모르는 사람은 없을 것이다. 하지만 실천하는 사람은 매우 드물다. 사람들은 "삼성전자가 5만 원으로 떨어지면 당연히 사야지!"라고 쉽게 말하지만, 실제로는 주가가 10%만 하락해도 기쁘게 매수하기는커녕 더 떨어지기 전에 가지고 있던 물량도 손절해야 하는 건 아닌지 걱정을 한다. 그래서 올랐을 때 사고, 떨어지면 파는 사람들이 많은 것이다.

투자를 잘 하기 위해서는 결국 두려움을 극복하는 것이 중요하다. 돈을 잃을 수도 있다는 두려움, 손해를 볼 수 있다는 두려움이다. 그리고 두려움을 극복하는 가장 좋은 방법은 공부와 경험을 통해서 큰 흐름을 파악하는 것이다. 지금은 떨어졌지만 곧 오른다는 걸 알면 두려워할 필요도 없기 때문이다.

초보의 흔들리는 멘탈, 어떻게 잡을까

 주식이든 부동산이든 투자할 때 중요한 것 중 하나가 대처능력이 아닐까. 투자에서는 매번 변수가 발생하는데 그럴 때는 누구나 스트레스를 받고 우왕좌왕하게 된다. 하지만 얼른 마음을 다잡고 어떻게 대처해야 할지를 생각한다면 문제를 해결할 수 있다.

 주식 투자에서 초보의 멘탈이 가장 흔들리는 경우는 아마 보유한 종목에서 큰 손실이 발생하고 있을 때일 것이다. 내가 사는 순간부터 주가가 쭉쭉 올라가주면 참 좋겠지만 그런 경우는 드물고, 대부분은 등락을 반복하면서 계단식으로 오른다. 특히 외국인투자자나 기관투자자 등의 큰손들은 어떤 종목을 매수하기 전에 일부러 주가를 크게 하락시켜 개미투자자들이 떨어져 나가도록 유도하는 '흔들기'를 한다고 알려져 있다.

그래서 내가 산 주식이 떨어지고 있을 때는 다시 한 번 차근차근 그 기업을 분석해 보아야 한다. 기업의 내재가치에 문제가 없다면 요동치는 주가에 흔들리지 말고 믿음을 가져도 된다. 하지만 기업의 내재가치에 중대한 문제가 있어서 주가가 떨어지는 것이라면 신중하게 손절을 생각해볼 필요도 있다. 내가 산 가격을 회복하는 데에 10년이 걸리는 상황도 있을 수 있기 때문이다

미래는 아무도 예측할 수가 없다. 내가 아무리 열심히 공부하고 분석해서 매수한 주식이라도 미래의 상황은 얼마든지 예상과 다르게 흘러갈 수 있다. 이제 막 투자를 시작한 사람들은 손해를 보게 되면 '나는 주식이랑 안 맞나 보다'라며 떠나는 경우가 많다.

어찌 첫술에 배부를 수 있을까. 다시 마음을 가다듬고 내가 무엇을 놓쳤는지, 그때 어떻게 했다면 좋았을지, 그 이후에는 시장이 어떻게 흘러갔는지를 계속 지켜봐야 한

다. 그래야 다음에 똑같은 실수를 하지 않을 수 있다.

주도주를 잡으면 마음이 편하다

주식은 부동산에 비해 변동 폭이 크고, 속도가 빠르며, 원금 손실 가능성도 높다. 하지만 투자를 하면 할수록 주식과 부동산이 비슷하다는 느낌을 받게 되는데, 그중 하나가 '좋은 물건일수록 더 많이 오른다'는 점이다.

부동산에서도 그 지역을 대표하는 대장 아파트가 있는 것처럼 주식도 시장을 주도하는 업종, 즉 주도주가 있다. 2020년부터는 언택트와 2차전지, 제약·바이오 관련주들이 주도주 역할을 했고 2021년에는 플랫폼 기업인 네이버나 카카오 등이 주도주 역할을 했다.

부동산에서는 한 지역의 주택 가격이 너무 오르면 인근 지역으로 수요자들이 이동하는 '풍선효과'가 일어나는데, 주식에서도 그와 비슷한 '순환매'가 일어난다. 어떤 업종의 주가가 많이 상승한 후에는 투자자들이 다른 업종으로 옮겨가는데 그에 따라서 관련주들이 주가가 상승하는 것이다. 이것을 감안해서 매수해 놓은 주도주가 올랐다면 적당히 수익실현을 하고, 덜 오른 업종으로 갈아타면서 포트폴리오를 계속 조정할 필요가 있다.

어떠한 업종이 이슈가 되어 주가가 상승한다면 그 이슈가 장기적인 것인지 아니면 잠깐 지나고 말 단기적인 것인지 구별해야 한다. 만약 장기적 이슈라고 생각되는데 실적까지 좋다면 주도업종이 될 가능성이 높다.

한 번 주도업종이 되면 상승 기간이 짧지 않다. 한 해 동안 지속될 수도, 더 길어질 수도 있기 때문에 조급한 마음을 버린다면 분명히 수익을 얻을 수 있을 것이다. 다만 상황은 언제든 바뀔 수 있으니, 항상 시장을 예의주시하고 있어야 한다.

과도한 욕심은 금물

장이 좋아서인지 요즘은 '테마주'가 엄청 많아졌다. 테마주란 사회적 이슈와 연관되어 빠르게 급등하는 주식을 말하는데 단기간에 급등하기 때문에 큰 수익을 안겨줄 수도 있다.

예를 들어 어떤 정치인이 주목을 받으면 그와 관련되어 있다고 소문난 기업의 주가가 급등한다. 정치인의 친척이 그 회사의 이사라느니, 회사 대표가 후원회에 참여하고 있다느니 하는 식이다. 이른바 '확실한 정보'에 목을 매는 투자자가 많은 이유도 테마주에 대한 기대 때문일 것이다.

문제는 순식간에 급등하는 테마주를 보며 '그 종목을 왜 안 샀을까' 혹은 '왜 빨리 팔아버렸을까'라는 생각에 뒤늦게 매수하는 사람들이 많다는 점이다. 실제로 부릿지의 투자 스터디방에서도 "이 종목을 사야 하느냐"라는 질문이 많이 올라오는 때는 해당 종목에 조정이 올 때가 아니라 급등할 때다.

급등한 주식은 언제든지 급락할 수 있다는 것을 염두에 두어야 한다. 대부분의 테마주는 급등할 때 만큼이나 급락하는 속도도 빠르기 때문에 잠깐 한눈을 팔면 매도할 타이밍을 놓치기 쉽다. 이른바 '단타투자'를 하는 사람이 아니라면 꿈도 꾸지 않는 게 좋다.

나도 단타투자를 가끔 하지만 경험을 위해 소액만 넣어보는 정도다. 단타는 '그들만의 리그'라고 생각하기 때문이다. 단타에 성공하려면 오전 9시부터 오후 3시 30분까지 장중 내내 HTS를 들여다보다가 어떤 주식이 급등한다 싶으면 서둘러 매수하고, 떨어진다 싶으면 칼같이 손절해야 한다. 하지만 회사에 다니고, 육아를 하고, 다른 일정을 소화하면서 하루 종일 HTS를 들여다볼 수 있는 사람이 과연 얼마나 될까.

종종 들려오는 '주식으로 망한 사례'는 대부분 과도한 욕심 때문에 벌어지는 참사다. 테마주나 급등주의 경우 단기간에 50~100% 이상 큰 수익을 얻을 수도 있지만 반대로 단기간에 50~100%의 손실도 발생할 수 있다. 단기간에 많은 돈을 벌고 싶은 욕심 때문에 가진 돈을 다 집어넣고 미수금까지 끌어다가 투자를 했는데, 자칫 매도 타이밍을 놓쳐서 급락을 해버린다면 재산을 모두 날리고 빚까지 떠안게 될 수도 있는 것이다.

또한 목표수익률에 도달했지만 '더 오를 것 같아서' 매도하지 않다가, 순식간에 급락해 버리는 경우도 많다. 아니면 적당히 수익을 실현하고 매도했더니 더 오르는 걸 보면서 '다시 들어가야겠다' 하고 매수했다가 급락을 맞기도 한다. 이래저래 과도한 욕심이 부른 참사다.

나는 많이 버는 것보다 잃지 않는 것을 더 중시하기 때문에 수익률이 좀 낮더라도 안전한 방식을 선호한다. 그래서 테마주 투자는 하지 않으며, 주위에도 별로 권하고 싶지 않다.

그래도 너무 해보고 싶다면 소액으로 조금 경험해보는 정도로만 접근하는 것이 어떨까? 내 방식이 정답은 아니겠지만, 나는 기업의 가치와 미래의 성장 가능성에 투자하는 것이 더 좋다.

현금 비중을 지키면 자동으로 리스크가 관리된다

나는 부릿지 회원들에게 종종 "전 재산을 몰빵할 각오로 투자하라"고 말하는데, 가끔 그 뜻이 오해되는 경우가 있다. 전재산을 몰빵해도 좋을 만큼 확신이 들 때에만 투자하라는 의미이지 정말로 몰빵을 하라는 건 아니다. 아무리 시장흐름이 좋아도 어느 정도의 현금은 들고 있어야 한다.

아무리 상승장이라도, 아무리 좋은 종목이라도 항상 오르기만 할 수는 없다. 오르고 조정 받고 다시 오르기를 반복하기 때문에 그 흐름을 잘 탈 수 있어야 한다. 그러나 아무리 흐름을 잘 읽는 사람도 기회가 왔는데 매수할 현금이 없다면 아무 소용이 없다

그래서 나는 전체 투자금의 20~30% 정도는 늘 예수금(주식 매수에 대비해서 미리 계좌에 입금해두는 돈)으로 보유하고, 주

식 시장이 과열이라고 판단될 때는 조금씩 수익실현을 하면서 예수금 비중을 50%까지 늘리는 방식으로 투자한다. 직접 투자를 해본 분이라면 예수금을 남겨두기가 쉽지 않다는 것을 잘 알 것이다. 당장 저 종목이 오르는 게 보이기 때문에 손가락이 근질근질할 수밖에 없는 것이다. 하지만 그래도 꾹 참는다. 예상치 못한 상황은 언제든 발생할 수 있기 때문이다.

대부분의 개인투자자들은 예수금을 남겨두지 않고 매수에 다 써버리곤 하는데, 그러면 갑작스러운 조정으로 주가가 하락해서 매수할 기회가 왔을 때도 할 수 있는 것이 아무것도 없다. 하지만 조정을 대비해서 예수금을 어느 정도 보유하고 있다면 좋은 기업들의 가격이 싸졌을 때 매수할 수 있는 기회를 잡을 수 있고, 이미 보유한 기업의 평균단가를 낮출 수도 있다. 조정장을 무작정 견디며 보내는 것이 아니라 미래의 수익을 늘리는 시간으로 활용할 수 있다는 말이 된다.

주식을 예측하는 것은 전문가에게도 어려운 일이다. 여러 주식 책에서 공통적으로 '예측보다는 대응을 잘 해야 한다'고 말하는 것도 그런 이유일 것이다. 하지만 우리 같은 초보자들에게는 대응하는 것조차 쉬운 일이 아니다.

열심히 공부해서 어떤 종목을 샀는데 갑자기 주가가 훅 꺼져버릴 수도 있다. 그런데 만약 그 돈이 내가 가진 종잣돈의 전부라면? 그야말로 대책이 없다. 그래서 초보자일수록 리스크 관리는 꼭 필요하다는 것이다.

리스크를 관리하는 가장 좋은 방법은 투자금 대비 일정 비율로 예수금을 보유하는 것이라고 생각한다. 하지만 계속 보유만 하면 자산이 늘어나는 속도가 늦어진다. 그래서 상황에 따라 예수금 비중을 늘렸다 줄였다 하면서 가장 효율적인 방법을 찾는 노력이 필요하다.

상승기에도 항상 하락기를 대비하자

주식으로 돈을 벌었다는 사람이 늘어나자 더 많은 사람들이 주식 시장으로 몰려들고 있다. 개인적으로는 현재의 상승기가 짧게 끝나지는 않을 것 같다. 하지만 그렇다고 언제까지나 오르기만 할 리도 없다.

한때 4만 원대까지 떨어졌던 삼성전자 주가는 2020년 12월 초에 7만 원이 넘으면서 '7만전자'라 불렸고, 2021년에는 더 장이 좋을 것으로 예상되면서 '10만전자'라는 말도 나왔다. 2021년 초에는 9만7,000원 근처까지 올라가며 정말로 그렇게 되나 싶었지만, 이후에는 다시 크게 떨어지며 2021년 7월 기준 8만 원 수준을 유지하고 있다.

부동산도 주식도 생각보다 상승장이 오래 간다는 느낌을 받을 때가 있다. 하지만 '산이 높으면 골이 깊다'는 말처럼 너도나도 모두 상승에 취해있을 때 더욱 조심할 필요가 있다고 생각한다. 언젠가는 닥쳐올 하락에 대비하며 리스크를 관리해야 하는 것이다. 내가 감당할 수 있는 손실의 크기는 어느 정도인지를 냉정하게 따져보면서 그보다 큰 욕심은 내지 않는 것이 최선이다.

빠르게 돈을 벌어서 자산을 늘릴 수 있다면 좋겠지만, 그렇다고 과도한 위험을 감수할 필요는 없다고 본다. 꾸준히 하기만 한다면 자산은 생각보다 빠른 속도로 불어나기 때문이다. 두 번 크게 벌고 한 번 크게 잃는 것보다, 잃지 않고 적당히 세 번 버는 것이 더 큰 효과를 발휘한다.

맺음말
'불쌍한 엄마'가 아닌 '멋진 엄마'가 되기 위해

아기를 낳은 지 얼마 안 된 사촌여동생과 전화 통화를 하다가 이런 이야기가 나왔다. 아기 명의의 통장을 만들고 싶은데 어디에 개설하면 좋을지 모르겠다며 이왕이면 금리가 높은 통장이면 좋겠다고 말이다. "지금부터 아이가 용돈 받는 거 모두 모아서 주려고?"라고 물었더니 사촌여동생은 이렇게 답한다.

"그럼~. 나는 못 물려받았어도 우리 아기한테는 많이 주고 싶어."

그 말을 듣는데 순간 뭉클했다. 나도 비슷한 생각을 했기 때문이다. 아이가 생기면 내가 부자가 되어야 하는 이유가 하나 더 생긴다. 그것도 아주 강력한 이유가 말이다.

간혹 자기는 부모에게 받은 것이 없으니 해드릴 것도 없고, 나도 혼자 힘으로 살았으니 내 자식도 알아서 살면 된다고 말하는 사람들도 있다. 사람마다 상황이 다르고 가치관이 다르니 이렇다 저렇다 말할 수는 없지만, 나는 반대로 생각하는 쪽이다. 나는 힘들게 살았어도 내 아이는 안 그랬으면 좋겠고 충분한 재산을 만들어서 물려주고 싶다. 어린 나이부터 집안 형편을 걱정하지 않아도 되고, 하고 싶은 일이 있으면 눈치 보지 않아도 되는 자유로운 삶을 살았으면 하기 때문이다. 그렇게 하기 위해서는 어서 빨리 종잣돈을 만들고 불려서 내가 먼저 경제적 자유인이 되는 것밖에 방법이 없다.

아무것도 모를 것 같은 어린아이들도 집안 형편이 어렵다는 것 정도는 쉽게 눈치챈다. 그런 아이들은 하고 싶은 게 있어도 말하지 못하고 속으로 삭이는 버릇을 갖게 된다. 나도 그런 아이 중 한 명이었다. 아이를 낳아 엄마가 된 후부터는 어린 시절의 기억 하나하나가 새롭게 느껴지곤 한다. 그중에는 좋은 추억도 많지만, 가난하기 때문에 참아야 했고 어리기 때문에 아무것도 할 수 없었던 서글픈 기억도 많다.

어린 내 기억 속의 우리 엄마는 원래 외모에 관심이 많은 멋쟁이였다. 하지만 집안 형편이 넉넉하지 못해 꽃다운 젊은 시절에도 제대로 된 옷 한 벌 사 입지 않으신 채 빠듯한 살림을 꾸려가셨다.

지금도 생생하게 기억하는 한 장면이 하나 있는데, 내가 중학교 2학년쯤이었을 것이다. 학교가 끝나고 집에 오는데 저 멀리 낯익은 사람이 걸어오고 있었다. 얼핏 보기엔 분명 우리 엄마 같았는데 머리 스타일이 아니었다. 우리 엄마는 저런 브로콜리같은 뽀글머리가 아닌데? 저건 할머니들이 동네 미용실에서 하는 머리잖아. 그런데, 그 사람은 우리 엄마가 맞았다. 너무 놀란 나는 엄마한테 달려가서 왜 그런 머리를 했느냐고 물었다.

"그냥 해보고 싶었어."

엄마는 그렇게 말하며 멋쩍게 웃었지만 나는 도저히 웃을 수가 없었다. 예전에 할머니가 그 머리를 두고 '가격도 싸고 오래 간다'고 했던 말이 떠올랐기 때문이다. 그때는 그냥 그렇구나 하고 넘겼는데 다시 생각하니 너무 서글픈 말이었다. 그때 우리 엄마는 딱 지금의 내 나이, 고작 30대에 불과했는데….

만약 지금의 내가 '값이 싸고 오래 간다'는 이유로 그런 머리 스타일을 고집하거나, 먹고 싶은 음식과 입고 싶은 옷을 꾹꾹 참아가며 아이를 위해 희생한다면 어떨까. 시간이 지난 후 내 아이에게도 슬픈 기억으로 남는 것은 아닐까. 어리기 때문에 아무것도 할 수 없어서 슬펐던 나처럼 우리 아이도 너무 일찍 철이 들어버리는 건 아닐까.

내 아이는 하고 싶은 게 있으면 당당히 말하고, 돈 때문에 자기의 꿈을 포기하지 않았으면 좋겠고, 어떤 인생을 살 것인지 스스로 탐구했으면 좋겠다.

그렇다고 아이를 세상물정 모르는 온실 속의 화초처럼 키우고 싶다는 것은 아니다. 무언가에 대한 도전을 포기하는 이유가 자신의 적성 때문이라면 모르지만, 집안 형편 때문은 아니기를 바라는 것이다.

그래서 나는 더더욱 부자가 되고 싶다. 그것이 힘들게 버텨온 부모님의 인생을 보람 있게 만들어 드리는 길이고, 무엇보다 우리 아이에게 멋진 엄마로 남는 길이다. 가난 때문에 희생하지 않고 자신의 꿈을 이뤄가는 행복한 엄마의 모습을 보여주고 싶어서 오늘도 나는 부자가 되기 위해 노력하고 있다.